ケインズ説得論集

ジョン・メイナード・ケインズ
山岡洋一＝訳

日経ビジネス人文庫

ケインズ説得論集　目次

インフレーションとデフレーション

Inflation and Deflation

7

金本位制への復帰

The Return to the Gold Standard

111

インフレーションとデフレーション
(Inflation and Deflation)

インフレーション（一九一九年）

レーニンはこう語ったと伝えられている。資本主義を破壊する最善の方法は、通貨を堕落させることだと。政府はインフレを継続することで、密かに、気づかれることなく、国民の富のうち、かなりの部分を没収できる。この方法を使えば、国民の富を没収できるだけでなく、恣意的に没収できる。その過程で、多くの国民は貧しくなるが、一部の国民は逆に豊かになる。このように富が恣意的に再配分されるために、既存の富の分配の安全性が脅かされるうえ、既存の富の分配の公平さに関する確信が揺らぐことになる。インフレによって、当然といえる以上に、そして本人の期待や望みすら大きく超えるほどに棚ぼたの利益を得た人たちは、「暴利をむさぼる悪徳商人」だとされるようになり、労働者階級の憎しみを受けるとともに、インフレで貧しくなった有産階級からも、それと変わらないほど強い憎しみを受ける。インフレが進み、通貨の実質価値が月ごとに激しく変動するようになると、債務者と債権者の間の恒久的な関係、資本主義の根幹になっている関係が完全に混乱し、ほとんど意味を失う。そして富の獲得の過程が博打《ばくち》と富籤《とみくじ》に堕していく。

レーニンはまったく正しかった。社会の基盤をくつがえすには、通貨を堕落させることほど巧妙で確かな方法はない。インフレの過程では、経済法則の隠れた力をすべて、社会秩序を破壊する方向に動員でき、しかも、社会の秩序が破壊されていく理由を、百万人に一人も理解できないのである。

第一次世界大戦の後期には、交戦国のすべての政府が必要に迫られて、あるいは無能なために、ボルシェビキが意識して行っても不思議ではない政策をとった。戦争が終わったいまでも、ほとんどの政府は弱さのために、間違った政策を続けている。しかしそれだけではない。ヨーロッパ各国の政府の多くは現在、無責任な政策をとっているし、弱いことから、みずからの悪い政策の明らかな帰結に対する国民の怒りを、「悪徳商人」と呼ばれている階級に向けようとしている。「悪徳商人」だとされているのは、大ざっぱにいうなら、資本家のうち企業家の階級、つまり、資本主義社会全体のなかで活動的で建設的な人たちであり、この階級は物価が急速に上昇する時期には、それを望むかどうかにかかわらず、急速に豊かになるしかない。物価の上昇が続けば、在庫用に商品を購入するか、資産や工場を所有している企業家はみな、利益を得る。したがって、ヨーロッパ各国の政府はこの階級に国民の憎しみを向けることで、レーニンが鋭い頭脳で考えた破壊の過程を、さらに一歩先に進めている。悪徳商人の暴利とされているものは、物価上昇の原因ではなく、結果である。インフレの避けがたい結果として、契約と既存の富の均衡が暴力的、恣意的に混乱して社会の安全が脅かされているなかで、ヨーロッパ各国政府が企業家階級に国民の憎しみを向ける政策をとっているために、十九世紀の社会と経済の秩序が継続する可能性は急速に失われている。しかし、各国政府はこれに代わる新しい秩序の計画をもっていないのである。

＊『平和の経済的帰結』（一九一九年）より

通貨価値の変動が社会に与える影響（一九二三年）

通貨、つまり金銭が重要なのは、それで買えるもののためである。したがって、通貨の単位が変わっても、その作用が一様で、すべての取引に同じ影響を与えるのであれば、社会全体にはとくに影響を及ぼさない。既存の価値基準が変わったために、すべての権利、すべての努力について、以前の二倍の金額を受け取り所有することになり、すべてのものの購入、すべての借金の返済に以前の二倍の金額を支払うことになったのであれば、誰も何の影響も受けない。

したがって、通貨価値の変化、つまり物価水準の変化が社会にとって重要になるのは、一様でない場合だけである。そうした変化は過去に、そして現在にも、社会にきわめて広範囲な影響を与えている。そうなるのは、誰でも知っているように、通貨の価値が変化するとき、すべての人、すべての用途に同じように作用するわけではないからだ。一人の人の受け取りと支払いのすべてが、同じ比率で変わるわけではない。このため、金額でみた支払いと収入の変化は通常、階級によって違っており、一つの階級から別の階級に富が移転する。豊かになるものと貧しくなるものがおり、運命の女神の気まぐれによって、計画が失敗に終わり、期待が裏切られる。

一九一四年以降の通貨価値の変動はきわめて大きく、あらゆる方面に影響を与え、現代の世界経済史でとくに重要な動きの一つになっている。価値基準が金、銀、紙幣のどれであっても、その変動が過去に例のないほど激しかったうえ、変動におそわれた社会では、過去のどの時代よりも、価値基準がほぼ安定しているという想定に経済組織が依存するようになっていたのである。

十九世紀初めのナポレオン戦争の間とその直後の時期には、イギリスの物価変動は最大でも年に二十二パーセントであった。そして、十九世紀初めの二十五年間は、イギリスの通貨の歴史のなかで混乱がもっとも大きかった時期だとみられてきたが、この時期の物価変動は、最高水準が最低水準の二倍にも達していないし、その間に十三年の間隔があった。これに対して、過去九年の物価変動ははるかに激しかった。一九一四年から一九二〇年まで、どの国でも、購入できる財の供給量の伸び率と比較して、支出に使える通貨の供給量の伸び率が高くなった。つまり、インフレーションになった。一九二〇年以降、金融状態をふたたび管理できるようになった国では、インフレの終息だけでは満足せず、通貨供給量を減少させ、デフレーションを実現している。それ以外の国では、一九二〇年までよりもさらに極端なインフレになっている。

インフレもデフレも、二つの点で社会に大きな打撃を与える。第一に、どちらも階級間の富の分配を変える。この点ではインフレの方が悪質である。第二に、どちらも富の生産を刺激しすぎるか妨げる。この点ではデフレの方が悪質である。そこで、通貨価値の変動が社会に与える影響について論じていくには、以上の線に沿ってテーマを分けるのが便利である。つまり、第一に、通貨価値の変動が富の分配に与える影響を取り上げ、主にインフレについて論じていく。第二に、通貨価値の変動が富の生産に与える影響を取り上げ、主にデフレについて論じていく。

一　通貨価値の変動が富の分配に与える影響

Ⅰ　投資家階級

通貨のさまざまな役割のうちいくつかはそもそも、通貨の実質的な価値がある期間にわたってほぼ一定であるという想定に基づいている。そのなかでとくに重要なのは、幅広い意味での資金投資の契約に関連するものである。そうした契約、つまり、長い期間にわたってある金額を支払うことをあらかじめ取り決める契約は、所有権制度全体のうち、「投資制度」と呼べる部分の特徴である。

十九世紀に発達してきた資本主義の現段階には、財産の所有と管理を分離するために、いくつもの仕組みが作られてきた。この仕組みには主に三つの種類がある。第一は、所有者が土地、建物、機械をはじめとする財産の管理を手放すが、所有権は維持する仕組みである。株式会社の株式の保有が典型である。第二は、所有者が財産を一時的に手放し、その間は毎年、決まった金額を受け取るが、最終的には財産を取り戻す仕組みである。賃貸借契約が典型である。第三は、所有者が実物の財産を恒久的に手放す代償として、一定金額の永久年金を受け取るか、ある期間にわたって一定金額を受け取り、期間が終わったときに元本を金銭で償還される仕組みである。不動産担保ローン（モーゲージ）、社債、債務証書、優先株が典型である。この第三の種類は、投資が完全に発達したものである。

将来の期日に一定の金額を受け取る契約（期日に通貨の実質的な価値が変わっている可能性を考慮した規定がない契約）は、はるかな昔に金銭が貸借されるようになったときから使われてきたはずである。十八世紀にはすでに、賃貸借契約や不動産担保ローン、永久国債、さらには、東インド会社などの少数の民間企業が発行する永久債の形で、頻繁に使われていた。だが十九世紀には、それ以前になかった重要性をもつようになった。そして二十世紀初めには、資産家階級が「企業家」と「投資家」の二つのグループに分かれ、それぞれの利害にある程度の違いが生まれている。この違いは、個人の間ではそれほど鮮明ではない。企業家が投資を行っていることもあり、投資家が企業の普通株を保有していることもあるからだ。それでも、企業家と投資家の違いは確かにあり、めったに指摘されないからといって重要でないわけではない。

この制度のもとで、活動的な企業家階級は自分自身の資産だけでなく、社会全体の貯蓄をみずからの事業に利用できた。また、専門家階級や資産家階級はほとんど手間をかけることなく、責任を負うこともなく、そして低リスクで（と信じて）、みずからの資産を活用できた。

この制度は百年間にわたって、ヨーロッパ全体で異例の成功を収め、過去に例のないほどの規模で富が成長する状況を作り上げた。人数の多い一つの階級にとって、貯蓄と投資が義務になり、同時に楽しみになった。貯蓄が引き揚げられることはめったになく、複利で増えつづけた結果、いまの時代の人びとがみな当然のことだと考えている物質的な成功が可能になった。この時代には、道徳も政治も文学も宗教も、貯蓄の奨励という大規模な陰謀に加わっており、神と富は和解した。地には平和、資産をもてる人にあれ。金持ちも天国に入ることができる、貯蓄に励みさえすれば、というわけだ。天球から新しい福音の音楽が流れてきた。「何とも不思議なことだが、賢明で慈悲深い神の摂理によって、人は自分の利益だけを考えているときに、社会にもっとも貢献できる」[1]。そう天使は歌った。

（注1）『若人のための金銭に関するやさしい教訓』キリスト教知識普及協会発行、第十二版（一八五〇年）

このようにして作られた社会環境によって、成長する事業の資金需要や増加する人口のニーズと、豊かな非企業家階級の成長とがうまく調和することになった。しかし、社会全体が豊かさと進歩を謳歌していたとき、この制度が通貨の安定性にいかに依存しているかは、概ね見過ごされてきた。投資家階級が資産を投資しているのも通貨が安定しているからなのだが、この点は意識されなかった。そして、通貨は自然に安定するという確信を疑う見方はないようだった。投資は広がり、増加し、やがて世界各国の中産階級にとって、国債は不滅で安全なものの典型になった。いまでは、債券などの金銭貸借契約なら安定しているし安全だという見方が常識になっているため、イギリスの法律では、信託基金の受託者は資金をもっぱらこの種の資産に投資するよう求められており、他の資産への投資を禁じられているほどである（土地への投資だけは例外だが、これも前の時代の状況に基づいて作られた規定が残っているからである）[2]。

（注2）ドイツでも、信託基金の受託者は同様の義務を負っていた。一九二三年になってこの義務が撤廃されたが、そのときには金銭に対する権利に投資された信託基金は、無価値になっていた。

他の面でもそうだったが、この面でも、十九世紀の人びとは幸せな時代がいつまでも続くと楽観していて、過去の不幸な出来事が発する警告を無視していた。歴史をみれば、通貨の価値がそれに含まれる金属の量でみても一定だという保証はないし、まして購買力でみて一定だという保証はないのだが、その点は忘れることにしていた。しかし通貨とは、債務の適切な支払い手段として、そのときどきに政府が規定しているものにすぎない。一九一四年には、イギリスでは金が本位通貨になって百年が経過していなかったし、イギリス以外には五十年が経過している国はなかった。長期にわたる戦争か社会の大激変があったときに法貨が変わらなかった例はなく、どの国でも、経済に関する記録が残っているごく初期から現在にいたるまで、通貨を代表する法貨の価値は、ほぼ一貫して低下しつづけてきている。

それだけではない。長い歴史のなかで通貨の価値が下がりつづけてきたのは偶然ではなく、二つの大きな力が背後にあるからなのだ。第一は政府の財政難であり、第二は債務を負う階級の政治的な影響力の強さである。

政府は通貨価値を引き下げることで税金を課す能力をもっており、古代ローマで発見されて以来、どの国でもこの方法が使われてきた。法貨の創造は政府にとって、最後の準備金として使える手段であったし、いまでもそうだ。この手段が残されているかぎり、破産や没落を宣言する国や政府はないとみられる。

そのうえ、以下に説明するように、通貨価値の下落で利益を得るのは政府だけではない。農民や債務者など、ある金額の支払い義務を負う人はみな、利益を得ることになる。いまの時代の企業家がそうであるように、過去の時代にも、通貨価値の下落で利益を得る階級は、経済体制のなかで活動的で建設的な部分である。したがって、過去の動きをみると、通貨価値の下落という長期的な変化によって、新しい勢力が助けられ、過去の勢力から解放されてきた。古い富に打撃を与えて新しい富が利益を得てきたのであり、富を蓄積した勢力と戦う武器を、経済活動を担う勢力に与えてきたのである。通貨の価値が低下傾向をたどってきたことは、過去の時代に、複利による資産の増加と資産の相続に対抗する強力な要因であった。古くからの富の分配の硬直性を和らげ、所有権と経済活動の分離を抑える要因になってきた。通貨価値の下落によって、各世代は前世代の富の一部を相続人から取り上げることができるし、末代までの富を築こうとする試みも失敗に終わるはずである（社会は慎重に考慮したうえ、通貨下落よりも公平で便利な方法を採用することもできるが）。

いずれにせよ、政府の財政上の必要と債務者階級の政治的影響力という二つの力のうち、ときには一方が、ときには他方がはたらくために、通貨が紀元前六世紀に考案されて以来の長期間にわたってみた場合、インフレはほぼ途切れることなく続いてきた。ときには、価値の基準自体が下落した。そうでないときは、硬貨の改鋳によって同じ結果になった。

それでも、日常生活での通貨の使い方のために、これらの点をいつもすべて忘れ、通貨とはそもそも価値の絶対の基準であるかのように考えやすい。そのうえ、この幻想を打ち砕く動きが百年間なければ、三世代にわたって正常だったことは、社会の仕組みの一つとして永遠に続くと一般の人は考えるようになる。

十九世紀の動向は、そのような考えに好都合であった。当初の二十五年間には、物価がきわめて高かったナポレオン戦争の時代の後に、通貨の価値がかなり急速に回復した（つまり、物価が下落した）。その後の七十年間、物価は短期的な変動があったものの、長期的なトレンドとしては下落を続け、一八九六年が底になった。このように物価の方向は低下だったわけだが、この長い期間の特徴としてとくに目立つのは、物価の水準がかなり安定していたことだ。一八二六年、一八四一年、一八五五年、一八六二年、一八六七年、一八七一年、一九一五年とその前後には、物価がほぼ同じ水準であった。一八四四年、一八八一年、一九一四年[3]にもやはり、物価がほぼ同じ水準であった。一九一四年の物価水準を百とする指数でみると、一八二六年から第一次世界大戦がはじまるまでの百年近い期間に、指数値は最大三十ポイントしか変動しておらず、百三十を上回ったことも七十を下回ったこともない。債券の価値が長期にわたって安定していると信じられるようになったのも不思議ではない。金という金属は理論上、管理通貨制度のもとで適切に管理された価値基準のもつ利点をすべてそなえているわけではないとしても、操作することができず、実際上、信頼できることが実証されてきた。

(注3) いまでは、一九三一年を追加できる。

同時に、イギリス政府が発行した永久債、いわゆるコンソル国債を十九世紀前半に購入した投資家は、三つの点できわめて大きな利益を得てきた。第一に、コンソル国債はほぼ完璧に近いほど安全だとみられるようになった。第二に、投資元本の価値を示すコンソル国債の売買価格は、ほぼ一貫して上昇してきた。上に述べた点も一因になったが、主に、金利が低下を続けた結果、年間の利子収入に対する債券価格の倍率が上昇しつづけたからである。(4) 第三に、年間の利子収入の価値は購買力でみて、全体的に上昇を続けた。たとえば、一八二六年から一八九六年までの七十年間をみれば(つまり、一八一五年のワーテルローの戦いの直後にみられた急激な債券価格上昇を無視しても)、コンソル国債の価格は一時的に下がることがあっただけで、七十九から百九へと着実に上昇してきた(ゴーシェン財務相のもとで、表面利率三パーセントのコンソル国債が、一八八九年から二・七五パーセントに、一九〇三年にさらに二・五パーセントに下がる新コンソル国債に転換されたにもかかわらず、価格は上昇してきた)。一方、年間の利子収入の購買力は、表面利率が引き下げられたなかでも、五十パーセント上昇している。コンソル国債には価値の上昇だけでなく、安定性という利点があった。ビクトリア女王の治世(一八三七〜一九〇一年)には、危機の年以外に価格が九十以下に下がったことはない。ヨーロッパ各国の王政が危機に陥った一八四八年ですら、年間の平均価格は五ポイント下がっただけであった。ビクトリア女王の即位のときには九十であり、即位六十周年の一八九七年に最高値をつけている。十九世紀の人たちがコンソル国債を優れた投資対象だと考えたのも不思議ではない。

（注4）たとえば、市場金利が四・五パーセントから三パーセントに下がった場合、表面利率三パーセントのコンソル国債の価格は六十六（年間利子収入の二十二倍）から百（同三十三・三倍）に上がる。

このため十九世紀には、尊敬を集める強大な階級が成長した。個人としてみれば裕福だし、全体としてみれば巨額の富を保有しているが、土地も建物も事業も貴金属も所有しておらず、毎年、法貨で支払いを受ける権利だけをもっている階級である。とりわけ、十九世紀に特有であり、誇りでもあった中産階級の貯蓄は、主に債券に投資されたのである。習慣と好調な実績によって、債券投資は疑問の余地なく安全だという見方が確立した。

中産階級は第一次大戦の前にも、一八九〇年代半ばに豊かさが頂点に達した時期と比較すれば、すでにある程度、富を失うようになっていた。物価が上昇し、金利も上昇したからである。そして、第一次大戦とその後に起こった通貨価値の下落のために、中産階級は実質ベースでみた富のうち、イギリスでは約半分、フランスでは八分の七、イタリアでは十二分の十一、ドイツ、オーストリア・ハンガリー帝国の後継国、ロシアでは事実上すべてを失っている。

こうして、戦争の影響と、戦争中とその後にとられた金融政策の影響によって、投資家階級が保有していた投資の実質価値がかなりの部分、失われた。この損失はきわめて急速だったうえ、同時に起こったさらに深刻な損失とからみあっていたため、投資の実質価値の下落だけでどれほどの規模の損失を被ったのかは、いまだに十分には認識されていない。しかし、この下落によって、それぞれの階級の相対的な地位がきわめて大きく変化している。ヨーロッパ大陸では、中産階級の貯蓄のうち債券や不動産担保ローン、銀行預金に投資されていた部分は、そのほとんどかすべてが吹き飛んでいる。この経験によって、貯蓄と投資の習慣に関する社会の心理は変わったはずであり、この点を疑う余地はない。もっとも安全だと考えられていたものが、実際にはまったく安全でないことが分かったのである。浪費をせず、投機もせず、「家族のためにしっかりと貯蓄し」、安全性を賛美し、世間の常識で正しいとされていることを厳格に守り、やってはならないとされていることを厳格に控えてきた人、いいかえれば、運に賭けようとはしなかった人が、とりわけ大きな災いを受けたのだ。

この点から、いま論じているテーマについてどのような教訓を学ぶべきなのだろうか。主に、十九世紀に発展し、いまでも維持されている社会組織と、通貨価値に関する自由放任政策とを結び付けるのは安全ではないし、正しくもないことだと思う。以前の仕組みがうまく機能していたというのは真実ではない。今後も社会の自発的な貯蓄を「投資」に引きつけたいのであれば、価値の基準であり、投資の価値を表示するのに使われる通貨を安定させることを、国が意識的に取り組む政策の主要目標にしなければならない。そして、相続の法律と資産の蓄積のため、時間の経過とともに、活動的な階級の所得のうち、非活動的な階級に支払われて支出される部分の比率が高くなりすぎるのであれば、他の方法で国富の再配分を調整すべきである（その際には、すべての形態の富を対象にするように考慮すべきであり、力のない「投資家」だけを対象にするべきではない）。

Ⅱ　企業家階級

以前から実業界の人びとにも経済学者にも同じように認識されてきた事実だが、物価が上昇する時期には事業活動が刺激され、企業家は利益を得る。

まず、以上で検討してきた投資家階級の損失の反面にあたる利益がある。通貨価値が下落する時期には、事業で得た利益のなかから毎年、ある金額を支払う契約を結んでいた人は、明らかに利益を得る。決まった金額の支払いの負担が、年間の売上に対する比率でみて、以前より軽くなるからである。この利益は、通貨価値が変動している期間だけに発生するのではない。古い借り入れに関しては、物価が落ちつきを取り戻し、以前より高い水準で安定した後にも利益が発生しつづける。たとえば、ヨーロッパ大陸の農業経営者は、土地を担保にして借りた資金で農地を購入していた場合、返済の負担がほとんどなくなっており、その分、貸し手が損失を被っている。

しかし変化が起こっていて、物価が毎月上昇している時期には、企業家はそれ以上に大きな利益を得る機会に恵まれる。企業家は商業に従事していても、製造業に従事していても、通常、購入した後に販売しており、在庫のうち少なくとも一部についていて、価格変動のリスクを負っている。このため、在庫している間に毎月価格が上昇するのであれば、販売価格はつねに予想より高くなり、計算していなかった棚ぼたの利益を獲得できる。こうした時期には、事業はじつに簡単になる。資金を借り入れることができ、とくに運が悪くなければ、ほとんど努力しなくても利益が得られるはずである。したがって、物価が上昇しているときには、資金を借り入れた企業家にとって、貸し手への返済額は実質価値でみれば、無利子になっているばかりか、当初に借り入れた元本を下回っていることすらある。

しかし、企業家にとって、通貨価値の下落が利益の源泉になっているのであれば、非難を受けることにもなる。物価上昇を憎む消費者には、企業家の巨額の利益はその結果だとは思えず、原因だと思える。企業家も、自分の資産が急速に変動するようになると、本来の堅実さを失って、通常の事業で得られる着実な利益よりも、その時点に得られるはるかに巨額の利益を重視するようになる。かなり遠い将来にわたる事業の繁栄についてはあまり考えなくなり、素早く儲けて引退する夢に興奮するようになる。法外な利益は企みや計画の結果ではなく、たまたま得られたものなのだが、それでも獲得したからには簡単に手放すことはなく、維持しようと必死になる。こうした衝動にかられ、こうした立場に立つと、企業家は内心に不安を抱えるようになる。社会に役立っているとの自信、経済のなかで有益だし必要な役割を担っているとの自信は失われる。自分の事業、自分の階級の将来を恐れるようになり、自分の資産に不安を感じるほど、それにしがみつくようになる。社会の支柱であり、未来を築く役割を担う企業家、少し前まではその活動と報酬が宗教的ともいえるほどに支持されていた企業家、誰よりも、どの階級よりも尊敬され、称賛され、必要とされていた企業家、その活動に干渉すれば悲惨な結果になるばかりか、神を恐れぬ行為だとされかねなかった企業家が、横目で睨《にら》まれるようになり、疑われ、攻撃され、不公平で不正な法律の犠牲になっていると感じるようになる。要するに、暴利をむさぼる悪徳商人とされるようになったのであり、企業家自身、そう非難される理由の半ばは自分にあると感じているのである。

気概のある人なら誰でも、自分より豊かな人がみな、博打《ばくち》のような取引で運に恵まれ、資産を築いたのだと思えば、貧乏でいることに満足できないだろう。企業家が暴利をむさぼる悪徳商人になれば、資本主義は打撃を受ける。所得の不平等が続くのはやむをえないと考える心理的な均衡が破壊されるからだ。企業家が正常な利益を得るのは当然だとする経済的な見方は、誰でも漠然とは認めており、資本主義が正当だとされるために必要不可欠な条件である。企業家の利益が容認されるのは、ある意味ではあっても、そして大まかにではあっても、企業家の活動が社会に役立っている程度と関連しているといえる場合だけである。

したがって以上の点は、通貨価値の下落のために既存の経済秩序が混乱する第二の道筋になっている。通貨価値の下落によって投資意欲が低下するとき、企業家の信用も低下するのである。

企業家はにわか景気の時期にも、法外な利益の全額を維持できたわけではない。政府がその時期の弊害を解決しようと、効果のない人気取り政策をいくつもとっている。補助金、物価と家賃の凍結、悪徳商人の摘発、超過利益への課税といった有害無益な政策であり、やがて、それ自体が少なからぬ弊害を生み出すようになった。

やがて不況になり、物価が下落して、商品在庫を抱えている人に物価上昇と正反対の影響を与えるようになった。棚ぼたの利益を得ていた人が一転して、事業の効率性とは関係なく巨額の損失を被るようになったのである。そして、誰もが在庫をできるかぎり減らそうとしたために、生産が停滞した。それまでは、誰もが在庫を増やそうとしたために、生産を刺激しすぎたのだが、これと逆の現象が起こったのだ。暴利をむさぼる悪徳商人に代わって、失業が最大の問題になった。

Ⅲ　勤労者階級

経済学の教科書にはかならず、賃金の動きは通常、物価の動きに遅れるので、物価が上昇する時期には賃金労働者の実質所得は減少すると書かれている。過去には確かにそうだったし、現在でも労働者のうち、自分たちの地位を向上させるには不利な立場にあるか、組織化が不十分な部分では確かにそうかもしれない。しかし少なくともイギリスでは、そしてアメリカでも、労働者の重要な部分は、この間の状況を利用して、名目賃金の引き上げを獲得し、購買力を以前と変わらない水準に維持しただけでなく、以前よりも高めたうえ、労働時間の短縮（そして、いままでのところ仕事量の削減）を組み合わせて、労働条件の実質的な向上を達成している。しかも、イギリスの場合には、社会全体の富が減少した時期にこれを達成しているのである。このように通常とは逆の動きになっているのは、偶然ではない。明確な原因があるからだ。

鉄道、鉱業、港湾などでは、賃上げを獲得するための労働者の組織化が以前より進んでいる。また、おそらく戦争の歴史のなかではじめての現象だろうが、軍隊生活を経験して、さまざまな点でこれまでより衣食住の要求水準が高まった。兵士は労働者と比較して、質の高い服や靴を与えられ、食事もよい場合が多かった。兵士の妻は戦争中に家族手当を支給されたうえに、働く機会が増えたことから、やはり以前より豊かな生活を求めるようになった。

しかしこれらの要因は、賃上げを要求する動機になっただけであり、実際に賃上げを獲得できたのは、別の要因があったからだ。企業家が法外な利益を得たという要因である。企業家は事業の正常な利益を上回る棚ぼたの利益を、それも巨額の利益を獲得して世間の顰蹙《ひんしゅく》を買い、従業員からも社会全体の世論からも圧力を受けるようになった。そして、圧力を受けて賃上げを実施しても、経営が苦しくならないだけの利益は獲得していた。それどころか、従業員に譲歩して、この時期の幸運を分かちあうのは、十分に価値があることであった。

こうして勤労者階級は第一次大戦後の何年か、「悪徳商人」とされた人たちを除くどの階級に対しても、相対的な立場が向上してきた。いくつかの重要な事例をみると、相対的な立場だけでなく、絶対的な立場も向上している。つまり、労働時間の短縮、名目賃金の上昇、物価の上昇を考慮したとき、勤労者階級の一部は、労働か仕事の一単位当たりでみた実質所得が向上しているのである。しかし、こうした向上が望ましいかどうかではなく、安定したものであるかどうかを推定するには、勤労者階級の所得が増加したのはなぜなのかを知らなければならない。階級間の国民生産の分配を決める経済要因が後戻りしない形で変化したためなのだろうか。あるいは、一時的ですぐに消える要因、つまりインフレとその結果である価値基準の混乱のためなのだろうか。

その後の不況の時期には、勤労者階級は実質賃金の低下よりも失業という形で打撃を受けることになり、失業者に対する国の支援のために、この打撃すら大幅に緩和されている。名目賃金は物価の下落につれて下がってきた。だが一九二一年から二二年にかけての不況でも、勤労者階級がそれまで何年か、中産階級に対して獲得してきた立場の向上は消えていないし、大幅に縮小してもいない。一九二三年にも、イギリスの賃金は労働時間の短縮を考慮した時間当たりでみて、戦前の水準からの上昇率が生計費よりもかなり高くなっている。

二　通貨価値の変動が生産に与える影響

理由が正しいかどうかはともかく、物価が下がると実業界が予想した場合、生産を抑制する要因になる。逆に、物価が上がると実業界が予想した場合、生産を過剰に刺激する要因になる、価値の基準が変動しても、世界の富や、世界のニーズや、世界の生産能力はまったく変わらない。したがって本来なら、生産されるものの性格や量に影響を及ぼすはずがない。相対的な価格の変化であれば、つまり、違った種類の商品の間で価格の関係が変わったのであれば、生産の性格が変わるべきである。相対価格の変動は、各種の商品が需要に見合った正しい比率で生産されているのではないことを示しているからである。しかし、物価の一般的な水準が変化しただけの場合には、そうとはいえない。

一般物価水準が変化するとの予想が生産に影響を与える事実は、現在の社会に確立している経済組織の特徴に深く根ざしている。前述のように、一般物価水準の変化は価値基準の変化であり、金銭の借り手（生産を決定する判断を下す企業家）が貸し手（金銭を貸した後は動かない投資家）に負う債務を決める基準が変わるので、この二階級の間で富が再分配される。さらに、企業家はそうした変化を予想すれば、事前に行動を変えて、通貨価値が予想通りに変化したときに、他の階級との関係で被る損失を最小限に止め、得られる利益を増やせるようにすることができる。物価が下落すると予想した場合には、生産を減らすのが階級全体として得策になるのだが、その結果、生産能力を無理やり遊ばせて、社会は全体として貧しくなる。物価が上昇すると予想した場合には、借り入れを増やし、生産を増やすのが得策になり、その結果、社会全体としてみたとき、その努力に見合った実質収入が得られる水準を超えて生産を膨らませることになる。もちろん、通貨価値の変化によって、一方の階級が損失を被る形で他方の階級が得る利益は、生産量に与えるこのような影響とは比例しない場合もあり、変化が予想外だったときにはとくにそうなりうる。しかし、活動的な階級が変化を予想した場合には、以上のような動きになる傾向がある。これは要するに、現状では企業家が実質利益をどう予想するかによって、生産のペースが決まるということにすぎない。しかし、この判断基準が社会全体にとって正しいものになるのは、価値の標準の変動によって、利害関係の微妙な調整が混乱しないときだけである。

また、通貨価値が不安定な場合には、その不安定さから直接に生まれる大きなリスクがある。生産にはかなりの期間がかかり、その間、企業家は現金を使って賃金などの生産経費を支出し、後に生産物を販売して現金を取り戻せると予想している。したがって、企業家はつねに全体として、価格の上昇によって利益を獲得し、価格の下落によって損失を被る立場に立っている。このため、好むと好まざるとにかかわらず、通貨による契約の体制のもとで生産を行う以上、企業家はつねに投機的なポジションを大規模にとるよう強いられている。企業家が投機的ポジションをとりたがらなければ、生産は低迷する。経済活動の各種機能の専門化がある程度進み、専門的な投機家がこのリスクを引き受けて生産者を支援しているのだが、それでもこの議論の大筋は変わらない。

以上からこういえる。物価の変動が実際に起こったとき、ある階級が利益を得て、別の階級が損失を被るのだが（この点は、前項のテーマである）、それだけではなく、物価が実際に下落しているかどうかは別にして、下落するとの恐れが社会全体に広まれば、それだけで生産が妨げられうるのである。その理由はこうだ。物価が下落すると予想されれば、投機的な「強気」のポジションをとろうとするリスク負担者が不足するようになる。つまり、企業家はかなりの期間がかかる生産を行うのをためらうようになる。現金を支出してから回収するまでに時間がかかるからであり、その結果、失業が増える。物価が実際に下落すれば、企業家は損失を被る。このため、物価下落を恐れれば、事業を縮小して自衛しようとする。だが、リスクに関する見方とリスクをとる意欲とが、個々の企業家のレベルではなく、企業家全体のレベルでみたときにどうなっているかこそが、生産と雇用の水準を決める主要な要因である。

事態をさらに悪化させる要因がある。物価の先行きに関する予想が幅広く一致していれば、その結果がある限度までは累積していく。物価が上昇すると予想され、実業界がこの予想に基づいて行動した場合には、この行動の結果として短期的に物価が上昇し、予想の正しさが実証され、予想がさらに強まる。物価が下落すると予想された場合にも、同様のことが起こる。このため、当初は比較的小さな刺激であっても、かなり大きな変動を生み出すことがある。

これは個人主義がもたらす致命的な病であり、この病の最善の治療法は、全体的な物価の上昇と下落のどちらの予想についても、確信をもてないようにすること、そして、物価が動きはじめたときに、大きな変動に発展するリスクが深刻にならないようにすることである。物価が偶然、予想外に小幅に変動しただけであれば、富の再配分が起こるとしても、富が減少する事態にはならないだろう。

このような結果を得ようとして、当初の動きに影響しうる要因をすべて取り除こうとしても、成功するはずがないと思える。そこで、価値の基準を別の方法で管理するべきだ。何らかの要因があらわれ、放置しておけば物価の一般水準が変化すると予想されるようになったとき、通貨当局がこの予想に対抗するために、逆方向の要因がはたらくようにするのである。こうした政策によっても、予想を打ち消すか、物価が実際に変化するのを抑えることに完全には成功しなかったとしても、価値の基準が偶然の要因に左右されるままにし、中央管理を意識的に排除して、生産の管理を麻痺させるか酩酊させるような予想が生まれるのをなすすべなく放置する政策よりは前進だといえよう。

以上から、物価の上昇にも物価の下落にも、それぞれ特有の問題があることが分かった。物価の上昇をもたらすインフレは、個人や階級に不公正であり、とくに金利生活者に不公正である。したがって、貯蓄に不利な条件になる。物価の下落をもたらすデフレは、企業家が損失を避けようとして生産を減らすので、勤労者と企業にとっては窮乏を意味する。したがって、雇用が悲惨な状況になる。もちろん、逆もまた真である。デフレは借り手に不公正であり、インフレは経済活動を刺激しすぎる。しかし、これらの結果は、上述で強調した点ほどには目立たない。借り手はデフレの最悪の結果から身を守ろうとするとき、貸し手がインフレの最悪の結果から身を守ろうとするときよりも有利な立場にあるし、勤労者は好況の時期に働きすぎないようにするとき、不況の時期に雇用不足から身を守ろうとするときよりも有利な立場にあるからである。

したがって、インフレは不公正であり、デフレは不都合である。両者を比較すると、ドイツで起こったような極端なインフレを除外すれば、おそらく、デフレの方が悪いといえる。貧しくなった世界では、金利生活者が失望することより、失業が増えることの方が悪いからだ。しかし、どちらが悪いかを検討する必要がかならずしもあるわけではない。どちらも悪であって、避けるべきだという方が、意見が一致しやすい。個人主義の現在の資本主義では、貯蓄を個々の投資家に任せ、生産を個々の雇用者に任せているために、価値基準の安定が前提条件になっているのであり、価値基準が安定していなければ効率的になりえないし、おそらくは生き残ることもできないのである。

このように重大な理由があるのだから、価値基準の管理を意識的な決定に委ねることに対する根深い不信感を払拭するべきである。天候や出生率や政治体制などなら、程度の違いはあっても特別の性格をもっており、自然現象であるか、それぞれ独立して行動する多数の個人の行動の結果であるか、革命を起こさなければ変えられないものだといえるが、通貨という価値基準を、これらと同じ範疇に入れておくことはできなくなっている。

＊『通貨改革論』（一九二三年十月）より

景気拡大の政策（総選挙、一九二九年五月）

I

金本位制への復帰前の一九二四年に短期間、景気が回復した時期を除けば、イギリスの失業者が労働力人口の十分の一を上回る状態が、八年間にわたって続いている。前例のない事態だ。労働省によれば、失業保険の被保険者のうち、失業中の労働者は、一九二三年に統計が開始して以来、一度も百万人を下回っていない。現在（一九二九年四月）は百十四万人が失業している。

これほどの失業のために、失業保険基金から年に約五千万ポンドの現金が支出されている。これ以外に生活保護がある。一九二一年以降、政府は失業者に約五億ポンドの現金を支払ったが、その対価は文字通り、何も受け取っていない。五億ポンドというのは、百万戸の住宅を建設できる金額であり、郵便貯金残高の二倍に近い金額である。全国の道路のうち三分の一を建設できる金額であり、国内にあるあらゆる種類の鉱山の全価値を大きく上回る金額だ。国内産業の機器をすべて一新できる金額でもある。きまじめな話題からもっと身近な話題に話を移すなら、国内の三分の一の世帯に自動車を無料で配れる金額であり、これだけの金額で基金を作れば、全国民がいつでも無料で映画を鑑賞できるようになる。

しかし、この金額でも、浪費のすべてにはほど遠い。失業者自身、失業手当と就業時の賃金には差があるし、失業中に体力と気力が落ちるので、はるかに大きな損失を被っている。雇い主はその分の利益を失っている。財務省は税収が減っている。国全体の経済発展が十年間にわたって遅れたことでも、計り知れない損失が発生している。

一九二四年の生産センサスによれば、イギリスの労働者が職についているとき、年間の生産高は一人当たり平均、約二百二十ポンドである。これを基準にすれば、一九二一年以降、失業による損失は約二十億ポンドになる。国内の鉄道を、現在の二倍近く建設できる金額である。アメリカへの債務が現在の二倍あっても、全額返済できる金額である。連合国がドイツに要求している賠償金の総額を上回る金額でもある。

こうした金額を知り、理解しておくことは重要である。自由党のロイド・ジョージ党首が掲げている公約の実行に必要なコストを、適切な観点から判断できるようになるからだ。公約では、年に一億ポンドの開発計画によって、五十万人の雇用を確保できるとされている。このコストは、失業によって毎年発生している浪費や損失とくらべてもそれほど高いわけではなく、この点は右の数値と比較すれば理解できる。失業のために一九二一年以降に積み上がってきた損失の五パーセントにすぎず、国民所得の二・五パーセントにすぎない。この実験を年に一億ポンドのペースで三年間続け、その全額が無駄になったとしても、そのために増加する年間の金利負担は予算の二パーセントにも満たない。要するに、ごく穏当な計画なのである。小さな害悪を取り除くための政策としては絶望的なほどリスクが高いという見方は、真実とは正反対である。途方もなく異常な事態を解決するための政策として、無視できるほどリスクが低いのである。

この計画には、それ自体として取り組む価値があるとはいえないものは、まったく入っていない。そのうち半分が無駄になったとしても、国民の生活は良くなるはずである。リスクがあるとしても、そのリスクをとるために少しばかり大胆になるべきだといえる根拠がこれほどある政策は、かつてあっただろうか。

じっと坐り込んで頭を振っていれば、賢明なようにみえるかもしれない。しかし、何もしないで待っている間に使われなかった労働力は、どこかの銀行に預けられ、後にいつでも使えるようになっているわけではない。無駄になって、取り返すことはできなくなる。失われて、取り戻すことはできなくなる。ボールドウィン首相がパイプをふかすごとに、何千ポンドかが失われているのである。

この公約に対する反対意見のうち、おそらくもっとも頻繁に聞かれるのは、国が生産的な計画のために資金を調達すると、通常の産業への資本供給がそれだけ減少するしかないというものだろう。この見方が正しいのであれば、全国的な開発政策を実行しても、実際には雇用は増えない。国の政策による雇用が、通常の雇用と置き換えられるにすぎない。そうでなければインフレになる（そう主張されることが多い）。したがって、政府の政策が役立つことはほとんどない。自由党の公約には期待できず、成り行きに任せるしかないというわけだ。

これがまさに、予算演説での財務相の主張であった。下院での予算演説で、こう述べている。「財務省が堅持している正統的な定説によれば、政治的、社会的にどれほど利点がある政策であっても、国が借り入れを増やして支出する政策では、実際にも一般論としても、雇用を一時的に増やすことはほとんどできないし、恒久的に増やすことなどまったくできない」。結論として、国がある種の支出を増やすことは避けたいし、それ自体として賢明で正しいとすらいえるだろうが、失業を減らす役には立たないと財務相は述べている。

今日の現実に基づくなら、この主張はまったく根拠がないとわれわれは確信している。

第一に、この主張には、国が推進する事業だけに適用対象を限定する理由がない。この主張が正しいのであれば、自動車のモーリスや繊維のコートールズの新しい工場にも、設備投資を伴うどの民間事業にも、同じように適用されるはずである。たとえば、イギリス産業界の大物のうち何人かが大胆な新規事業に乗り出し、合計一億ポンドの資本を新たな工場の建設に投じるとの発表があれば、誰でも雇用が増えると予想するはずだ。そしてもちろん、この予想は正しいはずである。ところが、財務相の主張が正しければ、この予想は間違っているはずである。これらの大胆な経営者は資本を他の用途から転用するだけであって、雇用が全体として増えるはずがないと結論づけるべきである。それだけでなく、さらに驚くべき結論を導き出すべきである。つまり、どのような手段を使っても（現状では考えにくいインフレだけは例外だが）、失業者を吸収するのはまったく問題外であって、失業問題の解決の道を閉ざしているのは、資本不足に他ならないという結論である。これはイギリスについての結論なのであり、貯蓄が過剰になっていて、毎年、一億ポンドを超える資金を外国に貸し付けている事実とまったく矛盾する。

この主張は常識から導き出されたものではない。常識的な人が自分自身で判断を下すのであれば、ここ何年かの住宅建設計画がなかったとしても全体の雇用者数に変化はなかったとは、信じられないはずだ。したがって、常識的な人なら、雇用計画が実行されれば雇用が増えるというロイド・ジョージの意見を聞いて、納得するはずである。

以上のように、財務相の主張はどうも信じがたいと思えるのだが、それだけではない。間違っているのである。三つの源泉があるため、国が行う投資で全体の雇用者数が増加しうる。

第一の源泉として、現時点では失業者への支払いに使われている貯蓄から供給される。

第二の源泉として、適切な信用がないために無駄になっている貯蓄から供給される。

第三の源泉として、対外貸し付けの純減によって供給される。

第一の源泉から順番にみていこう。個人の貯蓄があるのは、消費する以上に生産している個人がいることを意味する。この差額は資本設備を増やすのに使えるし、使うべきである。しかし残念なことに、使い道はそれしかないわけではない。他の個人が生産する以上に消費できるようにするためにも使える。

失業があるとそうなる。せっかくの貯蓄を、設備を増やすために使うのではなく、失業者の生活を支えるために使うことになる。ロイド・ジョージ党首の計画で使う貯蓄は、他の資本設備の購入に使われるはずだった部分から転用されるのではなく、一部は、失業者の生活を支えるために使われるはずだった部分から転用される。失業保険基金だけでも、現在は年に五千万ポンドを支出しており、失業者の生活を支えるコストはそれだけではない。

第二に、個人の貯蓄は投資に使われるとはかぎらない。資本設備の改善に使われる投資の総額は、一方ではイングランド銀行が創出する信用の量に左右され、他方では企業家などの投資の担い手の投資意欲に左右される。そして、投資の担い手のなかでいまでは、政府がとくに重要な位置を占めている。これらの要因で決まる投資の総額は、貯蓄の総額とかならずしも等しくなるわけではなく、貯蓄と投資の不均衡が現在、ぶつかっている問題の多くで源泉になっている。

投資が貯蓄を上回ったとき、経済は過熱し、雇用が増加して人手不足になり、インフレ傾向になる。投資が貯蓄を下回ったとき、経済は低迷し、雇用が減少して失業が異常な水準に達し、現在のような状況になる。

以上の見方に対しては通常、信用を拡大すればかならずインフレになると反論される。しかし、信用の創出がインフレを意味するとはかぎらない。インフレが起こるのは、第一次世界大戦中とその後にそうしたように、誰もが雇用されていて、貯蓄が限度まで使われている状況で、さらに経済活動を拡大しようとしたときである。

資本支出を行う政策によって、民間の産業から資本を奪うのでなければインフレが起こるとする主張は、景気が過熱状態になっているときなら確かに正しい。また、資本支出の政策が行きすぎになり、貯蓄に対する需要が供給を上回るようになれば、確かに正しい。しかし現状は、そうした状況にはほど遠い。設備と労働力が大量に遊休状態にあってデフレをもたらしており、これが解消されるまで、開発政策がインフレをもたらす危険はまったくない。現在の状況で資本支出に反対する理由としてインフレの亡霊をもちだすのは、衰弱してやせ細っている患者に、肥満の危険を警告するようなものだ。

これまで、イングランド銀行が信用政策を緩和するのを妨げてきた難問は、信用を拡大すれば、金が流出してイングランド銀行が苦境に陥りかねないことであった。

イングランド銀行が信用を増やそうと試みたとき、国内産業が沈滞していて、追加供給した信用がその時点の金利で国内の借り手に吸収されると確信できないのであれば、確かに金が流出しかねないといえる。市場金利は低下するので、新たな信用のうちかなりの部分が外国の借り手に流れ、その結果、イングランド銀行から金が流出しかねない。したがって、その時点の金利で資金を吸収する借り手が国内にいることが事前に分かっていなければ、イングランド銀行にとって、信用の拡大は安全だとはいえない。

この点を理由に、自由党の公約は現在の基礎的条件に完全に適合しているといえない。

る。信用を安全に拡大できる条件を整えるものになっているのだ。

もちろん、イングランド銀行が政府の資本開発計画に忠実に協力し、この政策が成功するよう、最善を尽くすことが不可欠である。というのは残念なことだが、イングランド銀行には、デフレ政策をとって銀行信用の拡大をすべて阻止すべきだと判断すれば、最善の政策を失敗に導く力、財務省の支出増加を民間企業の支出減少によって確実に相殺する力が十分にあるからだ。

したがってわれわれは、信用拡大が現状でカギになっているとするミッドランド銀行のマッケナ頭取の主張に同意する。しかし、単純に信用を拡大し、国内での具体的な使途を用意しない場合には、増加した信用のうちかなりの部分が外国人に貸し付けられて、金が流出する結果になりうることを警戒すべきだ。したがって結論として、銀行信用の拡大はおそらく、雇用増加の必要条件だといえようが、国内投資の計画によって拡大した信用を吸収する準備を整えておくことが、信用を安全に拡大するための必要条件になっているといえる。

第三に、自由党の政策を実行するために必要な資金の一部は、対外貸し付けの純減によって供給されよう。

国内の貯蓄のうちかなりの部分は現在、外国債券に投資されている。確かに、国内開発の大規模な政策の資金が失業者への既存の支出と現在は無駄になっている貯蓄だけでは賄えないとしても、また、確かに、政府の借り入れ需要のために他の借り手が排除されなければならないとしても、排除される借り手はイギリスの企業家だとする理由があるのだろうか。資本市場の動きを考えれば、現在、ロンドン市場で巨額の資金を調達している外国の政府か自治体の一部になる可能性の方がはるかに高い。イギリス政府が国債を発行して資金を借り入れたときに影響を受けるのは主に、債券市場である。

いま、外国債券発行の減少をもたらす要因があれば、イングランド銀行は歓迎するだろう。外国為替のポジションが不安定で危うくなっており、最近の公定歩合引き上げはその事実を示している。対外投資が減少すれば、為替相場に対する圧力が軽減する。イングランド銀行がこの目的のために、外国債券発行を半ば公式に禁止していた時期から、まだ一、二年しか経っていないのだから。発行禁止というのは乱暴な手段であり、一時的な措置として使えるだけであり、これを続けるよう提案するつもりはない。しかし、発行禁止を必要とした要因はまだ残っており、当時ほど切迫した状況ではなくなっただけである。貿易収支が以前より悪化したなかで、対外投資は危険なほど多い。そして、危険なほどの巨額を外国に投資しているのは、国内に貯蓄の投資先が不足しているからである。

したがって、資本支出を行う政策は、設備と労働力の遊休状態を解消してデフレ圧力をなくす範囲を超えうるのであれば、現在は海外に投資されている資金が国内の開発に振り向けられるようにする役割を主に担うことになり、イングランド銀行の利益になる歓迎すべき結果になる。

対外貸し付けが減少すれば、輸出が減少するという反対論がだされてきた。だが、そうなると予想する理由は見あたらない。前述のように、対外貸し付けの純額が減少すれば短期的にみて、イングランド銀行の金準備に対する圧力が軽減される。しかし長期的にみれば主に、輸出の減少ではなく、輸入の増加という形で影響があらわれるだろう。提案している計画では、輸入原材料をある程度使うし、いまは失業している労働者がふたたび十分な賃金を得るようになれば、輸入食料をもっと消費するだろう。

そこで、われわれの答えはこうだ。ロイド・ジョージ党首の計画で使われる貯蓄は、他の設備投資に使われたはずの部分から転用されるのではなく、一部は失業者に支払われてきた部分から供給される。一部は、適切な信用がないために無駄になっている部分から供給される。新しい政策で生まれる繁栄によって供給される部分もあるだろう。そして残りは、対外貸し付けの減少によって賄われるだろう。

失業者が職を得て働くようになれば、国富を増やすことができる。この労働力を使う方法を探し出そうとすれば財政的に破綻することになり、安全第一を考えれば、失業者の生活を支えつづけるべきだと信じるのは、まったくどうかしている。

まさに、現在は遊休状態にある生産的資源を活用して、新たな投資を行うべきなのである。

以上から、幅広く、単純で、反論の余地のない結論が得られる。失業中の労働者を生産的な仕事に吸収しようとするとき、どのような困難に直面するとしても、他の用途から資源を転用するのが避けがたいという点は、困難の一つではないのである。

Ⅱ

過去何年か、財務省は債務の借り換えという同省独自の問題を第一に考えて、イギリスの経済政策全体を支配してきた。そして、政府の借り入れが少ないほど、国債を低利で借り換えられるので有利になると主張してきた。そこで借り換えのために、政府による借り入れと資本支出を、どれほど生産的で望ましいものでも、すべて削減する姿勢をとってきた。しかし、その影響がどれほど強力で、どれほど執拗で、どれほど広範囲に及んでいるかを一般国民が理解しているかどうか、疑問だと思う。

進歩と経済活性化を目指す政策が提案されると、どれほどしっかりした政策であっても、財務省は可能なかぎりすべてを拒否する姿勢をとってきた。資本支出を切り詰めれば、国債利回りをある程度低下させられるのは確かな事実だ。しかし同時に、失業の増加をもたらし、第一次大戦前の設備を使いつづけることになるのも、確かな事実である。

純粋に財政という観点からみても、財務省の方針が適切かどうか、疑問である。この問題を真剣に検討したとき、ものごとをしっかりと判断できる人物のなかから、同省の方針が適切だと答える人がでてくるとは、信じがたいほどである。資本市場は国際的な市場である。われわれには管理できないさまざまな要因によって、イギリス国債の利回りが決まる。そして、イギリス政府が資本支出計画を拡大しても縮小しても、効果はかぎられている。その効果を極端に高く想定しても、〇・二五パーセント程度だろう。戦時国債のうち、借り換えの時期になっているのは二十億ポンドであり、これに〇・二五パーセントを掛けると、年間の利払いに五百万ポンドの違いが生じる。これに対して失業保険基金の支払いは、昨年には五千万ポンドを超えているのである。

それだけでなく、今後たとえば十年のうちに、戦前にも何度かそうなったように、世界的な要因のために金利が異例の水準まで下がる時期があることも、考えにくいとはいえない。そうなれば、世界の金利が異例の高水準になっている悪条件のもとで、財務省が策略をめぐらしたときに望める水準よりも、はるかに金利が低くなるだろう。そのときが、借り換えを成功させる好機である。したがって、財務省がいま、〇・二五パーセントか〇・五パーセントを節減できたとしても、まったく先見の明のない政策だったということになりうる。小幅な金利節減で借り換えを早まれば、大失策になりうる。理想的な条件が揃うまで忍耐強く待ち、そのときの財務相が大きな動きをとれるようにするべきである。

しかし、財政面での利益と不利益とは別に、考え方に根深い混乱があるために、イギリスの資本開発が妨げられている。金利は、正反対の二つの要因のうちどちらによっても下がりうる。第一に、貯蓄の供給、つまり投資に使える資金の供給が多すぎるときに、金利は下がる。第二に、投資が不足しているとき、つまり貯蓄の使い道として望ましいものが不足しているときに、金利は下がる。第一の理由で金利が下がっているのであれば、明らかに国にとって利益になる。しかし、第二の理由で金利が下がっていて、しかも投資先を意識的に制限する政策が原因になっているのであれば、みずから貧困を招く悲惨な政策がとられているといえる。

国が豊かになるのは、個人が収入のうちすぐに消費に使う部分をなるべく減らす消極的な動きによってではない。そうして生まれた貯蓄を国内の資本設備の強化に使う積極的な行動によって、国は豊かになるのである。

豊かになるのは、ケチに徹して金を貯める人ではない。実りの多い投資に自分の金を投じる人なのだ。

貯蓄をするよう人びとに勧める目的は、住宅や道路などを建設できるようにするためである。だから、金利を下げるために新たな資本支出を中止し、貯蓄の使い道と目的をなくす政策は、自殺行為そのものである。おそらく、以上のように表現すれば、誰もこの政策を支持しないだろう。ところがこれこそ、財務省が何年にもわたって続けてきた政策なのである。ときには、世論や他の省庁や地方自治体の圧力が強く、財務省がこの政策を貫けなかったこともある。だが、圧殺できる部分では、すべての資本支出を圧殺してきた。

財務省の政策が役に立たず、健全な理由が欠けていることが、金利の低下という目的の達成すらできなかったために、ようやく明らかになってきた。前述のように、国内に投資先がなければ、貯蓄は貿易黒字を上回る規模で海外に流れ、その結果、イングランド銀行が金を失う結果になる。金の流出を止めるには、公定歩合を引き上げるしかないのだ。

そのため、あらゆる面で最悪の結果になっている。国内の資本設備は最新のものにならず、時代後れになっている。企業利益は低迷し、そのため財務相は法人税の税収の低迷に苦労し、減税を実施することも、社会改革計画を実行することもできない。失業が深刻になっている。このように経済の不調が続いているために、肝心の貯蓄率が低下し、金利を下げるという当初の目的すら達成できなくなっている。金利は逆に高くなっているのである。

保守党政権が現在のような混乱状態へと国を導いてきたのは偶然ではない。保守党の基本的な考え方をみれば、これが当然の結果であることが分かる。

「電話や電気の普及を急いではいけない。金利が上昇する。道路や住宅の建設を急いではいけない。雇用の機会を使い果たし、後に必要になったときに身動きがとれなくなる。

全員に職を与えようとしてはいけない。インフレを引き起こすことになる。投資してはいけない。採算がとれるかどうか、どうすれば分かるというのか。どんな行動もとってはいけない。他の行動がとれなくなる。

安全第一だ。百万人の失業者の生活を支える政策はもう八年続けているが、悲惨な状況にはなっていない。この政策を変えるリスクをとる必要がなぜあるのか。できないことを約束してはいけない。だからわれわれは何も約束しない」

この政策を続けてきたのである。

保守党の政策は、不況と衰退のスローガンである。政治が活力を失って臆病になり、障害になり、愚かになっているのである。

否認、制限、休止、これが政府の標語になっている。保守党政権の指導のもとで、国民はベストのボタンをしっかりと留め、胸を縮めて息を殺すよう強いられている。恐れと疑いと病的な警戒心で、国民は室内に閉じこもっている。しかしイギリス国民は、年老いておぼつかない足取りで墓場に向かっているのではない。健康な子供なのだ。生命の息吹を求めている。恐れるものは何もない。事実はまったく逆である。将来には過去になかったほどの富、経済的自由、個人生活の可能性が用意されている。大胆になり、開放的になり、実験をし、行動を起こし、さまざまな可能性を試すといったことを行ってはならないとする理由はない。そしてイギリス国民が前進しようとするとき、行く手を遮っているのは、上着をしっかり着込んだ何人かの老紳士だけである。丁重にお引き取りを願い、それでも道をあけないようなら、かまわず先へ進めばいい。

これらの老紳士も、一時はショックを受けるとしても、すぐに喜んでくれるはずである。

＊一九二九年五月に発行されたヒューバート・ヘンダーソンとの共著『ロイド・ジョージは公約を実行できるか』より

一九三〇年の大不況（一九三〇年）

I

当初はなかなか認識されるようにならなかったが、今年、現代の歴史のなかでも最大級の経済的な破局が訪れる徴候があらわれている。いまでは、ごく普通の庶民でも何が起こっているかに気づくようになっており、こうなった原因や理由が分からないまま、過剰なほどの恐れを抱くようになっている。いまの問題が起こりはじめたとき、当然の懸念すらもたなかったのとは逆になっているのである。いまではみな、将来を疑うようになった。楽しい夢から覚めて、暗い現実に直面するようになったのだろうか。それともいまは悪夢をみているのであって、いずれ目覚めるのであろうか。

疑う理由はない。これまでは夢ではなかった。いまは悪夢をみているのであり、朝がくれば消える。自然の恵みはこれまでと同じように豊穣だし、人類の知恵はこれまで同じように生産的なのだ。生活の物質的な問題の解決に向けた前進のペースは、落ちてきたわけではない。いまでもこれまでと変わらないほど、高い水準の生活を全員が確保できる状況にある。高いというのは、たとえば二十年前と比較して高いという意味であり、生活水準をさらに高める方法も、すぐに見つかるだろう。これまで、夢をみてきたわけではないのだ。しかしいまは、とんでもない混乱状態にある。故障しやすい機械の操作を間違えたのであり、この機械がどう動くのかを理解できていなかったのである。この結果、富を獲得する機会が一時的に失われているともみられ、この状況が長く続く可能性もある。

わたしがいま考えていることを、ここで十分に読者に伝えられると期待できるのか、疑問だとも思う。一般読者にとっては難しすぎ、専門家にとっては簡単すぎる議論になるだろう。なぜなら、誰も信じないだろうが、経済学は技術的で難しい学問だからである。科学だといえるほどにすらなってきている。それでも、わたしは全力をあげて説明する。ただし、現在の事態を完全に理解するために必要な点をかなりの部分、複雑すぎるという理由で除外するしかない。

まず第一に、不況が極端に厳しい点を認識すべきである。世界の三大工業国であるアメリカ、イギリス、ドイツでは、一千万人の労働者が失業している。重要な産業には、事業を拡大できるほどの利益を確保できているところはほとんどない（事業拡大は、進歩しているかどうかを示す基準である）。工業国だけではない。一次産品の生産国でも、鉱業と農業の生産物は、重要な商品のほとんどすべてで、生産者の多くにとって、ときには大多数にとって、コストを回収できない価格になっている。一九二一年にも価格の下落がほぼ同じ率になったが、そのときは下落する前の価格が極端に高く、生産者は異例なほど利益をあげていた。正常な水準からの価格下落では、この一年にみられたほど大幅で急速な例は、現代の歴史になかった。したがって、今回の危機は現代の歴史になかった規模のものなのである。

生産が止まって失業が頂点に達するまでの期間は、さまざまな理由で製造業より第一次産業の方がはるかに長い。ほとんどの場合、生産者は小規模であり、組織化が進んでいないので、秩序だった減産を実施することができない。生産の期間が長く、農業ではとくに長い。一時的な生産停止のコストが高い。自営の場合が多いので、収入が減っても働きつづける意思が強い。人びとが仕事を失ったときに社会に与える影響は、開発が進んでいない国の方が大きい。第一次産業の生産が止まったときの経済問題は、農産品などの一次産品の生産が国民の生活をほぼすべて支えている国では、とくに深刻になる。こうした背景がありながら現在、第一次産業の生産が製造業の生産とほとんど変わらないほど抑制される段階に、急速に近づいている。そうなれば、製造業がさらに打撃を受けることになろう。一次産品の生産者に製造業の製品を買う購買力がなくなるからである。その影響が他部門に及び、悪循環になる。

この苦境にあって、個々の生産者が期待をかけてとっている行動は幻想にすぎない。そうした行動は、一人の生産者か、一部の生産者だけがとっている場合には確かに自分の利益になるが、全員がとった場合には、誰の利益にもならないのである。たとえば、ある一次産品の生産を抑制した場合、その商品を使う産業が生産を抑制していないのであれば、価格が上昇する。しかし、経済の全体にわたって生産が抑制されているのであれば、その一次産品の需要も供給と変わらないほど減少するので、誰も前進できない。あるいは、一人の生産者か、一つの国が賃金を引き下げた場合、他の生産者や他の国が追随しないのであれば、その生産者か国はその時点の取引全体のなかでシェアを引き上げることができるだろう。しかし、賃金が全般的に引き下げられれば、コストの削減額と同じだけ、社会全体の購買力が減少し、やはり誰も前進できない。

したがって、生産の削減も賃金の引き下げも、基本的に均衡状態を回復する役に立つわけではない。

それだけでなく、たとえば第一次世界大戦前の物価に見合った水準まで名目賃金を引き下げて、最終的に生産の回復に成功したとしても、それで苦境から抜け出せるわけではない。なぜなら、一九一四年以降、国内債と外債の両方で巨額の債券が発行されており、返済金額が固定されているからである。このため、物価が下がれば債務の負担が重くなる。通貨の価値が上昇するので、同じ金額でも負担が重くなるのである。たとえば、第一次大戦がはじまった一九一四年以前の物価水準に落ち着いたとすると、イギリス政府の債務負担は実質ベースでみて、一九二四年より四十パーセント重くなり、一九二〇年の二倍になる。ドイツの賠償は、一九二四年のドーズ案では負担できないということで合意されたのだが、その結果採択された一九三〇年のヤング案が、ドーズ案よりはるかに過酷になるだろう。第一次大戦の同盟国がアメリカに負っている債務は、契約が結ばれた時点より、財とサービスでみて四十パーセントから五十パーセント重くなるだろう。南アメリカ各国やオーストラリアなどの債務国は、生活水準を引き下げないかぎり、債権国への返済を続けられなくなるだろう。世界各国の農家や消費者は不動産を担保にして借り入れていれば、債権者の食い物にされることになろう。そうした状況になれば、破産、債務不履行、履行拒絶が多発して、資本主義の秩序が基礎から動揺する事態になりかねず、それを防ぐために必要な調整を必要な時期に行えるかどうか、まったく疑問だといえるはずである。そうなれば、扇動や反乱や革命に絶好の土壌になる。世界の多くの国ですでにそうなっている。しかしその間にも、自然が提供する資源はこれまで通り豊穣だし、人間の知恵はこれまで通り生産的である。一時的な混乱のために、機械が故障しているだけなのだ。しかし、エンジンが故障したからといって、自動車の時代は終わったとは考えないし、ががたと走る馬車の時代に戻るとは考えない。

Ⅱ

エンジンの故障という問題が起こっている。ではいつになれば、自動車は動き出すのだろうか。いまの事態からその原因へと、さかのぼって調べてみよう。

一　労働者が失業し、工場が休止しているのはなぜなのか。労働者を雇って工場を稼働させても、生産した製品を赤字にならないように販売できるとは、経営者が予想できないからである。

二　経営者はなぜ、赤字にならないように販売できると予想できないのか。価格が大幅に下がっているのに、コストがそこまで大幅には下がっていないからだ。実際のところ、コストはほとんど下がっていない。

三　ではなぜ、コストよりも価格が大幅に下がるということがありうるのか。コストは経営者が商品の生産のために支払うものであり、価格は商品を売ったときに回収できる金額を決めるものだ。一つの企業や一つの商品であれば、価格とコストが同じにならないことは簡単に理解できる。しかし社会全体でみれば、経営者は支払ったのと同じ金額を回収できるはずである。経営者が生産の過程で支払った金額は、社会にとって収入になる。社会の人たちがその収入を使って、経営者がもつ商品を買うのだから、同じ金額を経営者が回収できるのではないだろうか。生産、交換、消費の通常のサイクルはこうなると、普通は考えられているのだから。

四　違う。残念だが、この見方は間違っている。ここに問題の根源がある。経営者が生産のコストとして支払う金額が、生産した商品の代金として経営者のもとにかならず戻ってくるというのは、真実ではない。好況には、販売収入がコストを上回るという性格がある。不況には、コストが販売収入を上回るという性格がある。それだけでなく、不況のときに生産を減らすか、賃金を引き下げて総コストを削減していけば、かならず均衡を回復できるという見方も、幻想にすぎない。支出を減らせば、勤労者の購買力が低下する。勤労者は商品を買う顧客でもあるので、販売収入がほぼ同じ額だけ減少する。

五　では、世界の全企業でみたとき、生産の総コストと総販売収入が同じにならないことがありうるのはなぜだろうか。この違いは何によるものなのだろうか。この問いへの答えを知っていると、わたしは思っている。だが答えは複雑だし、このような小論で説明できるかどうかは分からない（他の著作で、正確に説明しようとつとめた(1)）。ここでは要点だけを説明するしかない。

（注1）『通貨論』を参照。

まず、市場に売りにだされる消費財について考えてみよう。消費財生産者の利益（または損失）は、何によって決まるのだろうか。生産の総コストは、別の視点からみれば社会全体の収入と同じであり、消費財の生産コストと資本財の生産コストとに、ある比率で分かれている。国民全体の所得は、これも社会全体の収入と同じであり、消費財の購入にあてる支出と貯蓄とに、やはりある比率で分かれる。生産の総コストに占める消費財生産コストの比率が、国民全体の所得に対する消費の比率より高ければ、消費財生産者は赤字になる。消費財生産者の販売収入は、国民が消費財に費やす支出と同額であり、この場合には少し考えればすぐに分かるように、消費財の生産に支出された総コストより少なくなるからである。逆に、国民全体の所得に対する消費の比率が、生産の総コストに占める消費財生産コストの比率よりかなり高ければ、消費財の生産者は異例の利益を確保できる。したがって、消費財生産者が利益を回復できるのは、国民が所得のうち消費にあてる部分の比率を高めるか（つまり、貯蓄にあてる部分の比率を減らすか）、そうでなければ、社会全体の生産に占める資本財生産の比率が上昇するか（つまり、消費財生産の比率が低下するか）、どちらかが起こるときだけである。

しかし、資本財が大規模に生産されるのは、資本財の生産者が利益を獲得できているときだけである。そこで、第二の問いがでてくる。資本財生産者の利益は何によって決まるのかという問いである。答えはこうだ。国民が貯蓄を通貨かそれと同等の流動性のある形で維持することを望むのか、それとも資本財かそれと同等のものの購入に使うことを望むのかである。国民が資本財の購入に消極的であれば、資本財生産者は赤字になる。したがって、資本財の生産は減る。その結果、前述の理由で、消費財生産者も赤字になる。つまり、すべての種類の生産者が全体的な傾向として赤字になる。その後に起こるのは失業の全般的な増加である。そうなったときには悪循環に陥っており、作用と反作用の連鎖によって事態が悪化の一途をたどる。何かが起こって潮流が反転するまで、それが続く。

以上では、複雑な現象を極端なまでに単純化して描いた。しかし、本質をついているはずである。さまざまな変奏や装飾、編曲が可能だが、基本的なメロディ・ラインは以上の通りだ。

以上の見方が正しければ、現在の危機の基本的な原因は、設備投資を行うには市場が低迷しているために、新規事業が不足していることにある。商業は国際的なので、世界全体で新たな資本財の生産が不十分なことが世界中の商品価格に影響を与え、したがって、すべての国で同じように、生産者の利益に影響を与えているのである。

では、世界全体で資本財の生産が不十分になっているのはなぜだろうか。わたしの見方では、いくつもの原因が重なった結果である。まず、貸し手の態度のためである。資本財の生産にあたっては、資金をかなりの程度まで借り入れるからだ。つぎに、貸し手の態度と変わらないほど、借り手の態度のためである。

貸し手はさまざまな理由で、貸し付けにあたって、新規事業で負担できないほどの条件を要求してきたし、いまも要求している。第一に、第一次大戦の後しばらく、戦後復興が行われていた時期に企業が高い金利を負担できたため、貸し手が戦前よりかなり高い金利を期待するようになった。第二に、条約上の債務支払いのために資金を必要とする各国政府や、復活した金本位制を支えるための資金を必要とする銀行、株式市場のブームに乗るために資金を必要とする投機家がおり、そして最近では価格下落で被った損失を埋める資金を必要とする経営不振の借り手もおり、必要ならどのような条件でも借り入れるため、貸し手はこれまで、純粋な新規事業が負担できる以上の金利をこれらの借り手で確保できていた。第三に、世界と国内の投資環境が不安定なことから、多数の貸し手が適切な条件で投資しようとする国はかぎられている。世界のかなりの部分は、何らかの理由で貸し手に信頼されておらず、したがって、貸し手が極端に高いリスク・プレミアムを要求するため、新規事業が完全に止まっている。過去二年間、世界の三大債権国のうち、フランスとアメリカの二か国は、国際長期債市場から資金をほぼ引き揚げている。

貸し手が消極的な姿勢をとっている一方で、借り手の側もほとんど変わらないほど、消極的な姿勢をとるようになった。物価の下落によって、資金を借りていたものは打撃を受けており、新規事業を遅らせたものは、遅らせたことで利益を得ているからである。そのうえ、貸し手が怯えているのと同じリスクに、借り手も怯えている。最後に、アメリカでは、過去五年間に大量の新規投資事業が行われてきたため、当面は、そして少なくとも不況が続いている間は、新たな事業で収益をあげる機会が尽きている。一九二九年半ばには、アメリカを除く世界全体で、新規の設備投資がすでに不十分になっていた。そして決定打になったのが、アメリカ国内での新規設備投資の急減であり、いまではおそらく、一九二八年の水準より二十パーセントから三十パーセント減少している。つまり、いくつかの国では、新規の設備投資で利益を獲得する機会が以前よりかぎられており、それ以外の国では、以前よりリスクが高くなっているのである。

したがって、純粋な新規設備投資という点で、貸し手の見方と借り手の見方の間に大きな隔たりがあるのだ。その結果、貸し手の貯蓄は赤字企業や経営不振の企業に使われ、新規の設備投資にはあてられていない。

現時点ではおそらく、心理的な要因によって不況が少し行きすぎになっている。このため、穏やかな回復がいつ起こっても不思議ではない。しかし、わたしの判断では、本格的な景気回復は、貸し手の見方と生産的な借り手の見方がふたたび一致するまではありえない。そのためには、一方では、貸し手がもっとゆるい条件で、もっと広い地域に貸す姿勢をとるとともに、他方では、借り手が活気を取り戻し、借り入れに積極的になる必要がある。

現代の歴史では、両者の隔たりがいまほど大きくなり、それを埋めるのがいまほど難しくなったことは、ほとんどない。意思と頭を最大限に使い、以上の診断が正しいと確信して活気づき、この診断に沿った解決策を探し出さなければ、以上の診断が確かに正しかった場合には、現在の不況は恐慌へと発展し、物価水準の下落を伴って何年にもわたって続く可能性がある。そうなれば、どの国でも物質的な富に、そして社会の安定性に、筆舌に尽くしがたい打撃を与えかねない。真剣に解決策を探していけば、冒頭に述べた楽観論の正しさが確認できるだろう。少なくとも、近い将来については。

この小論では、今後にとるべき政策を提示することはできない。しかし、とくに重要な点だけは触れておこう。第一歩を踏み出せるのは、主要な債権国の中央銀行以外にない。そして、どの国の中央銀行も単独ではその力をもたない。アメリカの連邦準備銀行、フランス銀行、イングランド銀行が断固とした行動をとれば、ほとんどの人たちの見方、つまり症状や悪化する状況をみて、病気そのものだと誤解している人たちが簡単に信じこむ見方よりも、はるかに大きなことができるだろう。実際のところ、最大の効果をあげる対策は、この三大債権国の中央銀行が協調して、国際長期債市場の信認を回復するために大胆な政策をとることであろう。そうした政策をとれば、世界各地で事業活動が回復し、物価と利益が回復し、いずれ、世界の商業の車輪がふたたび回りはじめるだろう。フランスが金なら安全だとの見方にしがみついて、新しい富を生み出す冒険には加わらない姿勢をとるとしても、イギリスとアメリカが意見を合わせて共同行動をとれば、それほど時間をかけることなく、経済を再始動できるだろう。どこに問題があったのかに確信をもち、思い切って行動できれば、そうなるだろう。いま、ドーバー海峡の両岸、大西洋の両岸で当局が行動をとれなくなっているのは主に、この確信が欠けているためなのだから。

＊ネーション・アンド・アシニーアム誌に一九三〇年十二月に掲載された評論

節約（一九三一年）

一　貯蓄と支出（一九三一年一月）[1]

（注1）ラジオでの講演に基づく。

現在の不況と雇用の落ちこみ、企業が被った損失は、現代の世界の歴史でみても最悪のものです。例外になっている国はありません。世界各地の無数の家庭はいま、極端に困窮しており、それ以上に深刻な問題として、極端な不安にかられています。世界の三大工業国であるイギリス、ドイツ、アメリカでは、おそらく一千二百万人の工場労働者が失業していると推計されます。しかし断言はできませんが、世界の大農業国では、もっと深刻な悲劇が起こっているのではないでしょうか。カナダ、オーストラリア、南米各国では、農産品価格の下落のために、収穫後の収入が生産に要した費用を大きく下回るようになり、無数の小規模な農家が破滅しています。小麦、羊毛、砂糖、綿花などの世界の主要な農産品をはじめ、ほとんどの商品で、価格の下落が破滅的になっているからです。これら商品のほとんどでは、価格が第一次世界大戦前の水準を割り込んでいます。ところがコストは、誰でも知っているように、戦前の水準を大幅に上回っています。一週間ほど前、リバプールで小麦価格がチャールズ二世の時代、つまり二百五十年以上も前の時代以来の低価格になったといわれています。これほどの状況で、農民が生活していくことは可能なのでしょうか。もちろん、不可能です。

ものが安くなったのは良いことのはずだと思われるかもしれません。禁欲を旨《むね》とする人の一部は、そう確信しているのですから。生産者が損をしている分、消費者が得をしているというのが理由です。しかし、この見方は間違っています。わたしたちの大部分は働いて収入を得ているわけですが、そういう人が消費できるのは、働いて生産している間だけです。ですから、生産を妨げる要因があれば、消費もかならず妨げられます。

　このような問題が起こるのは、すべてのものの価格とコストが一斉に同じ率で下がるわけではないからです。さまざまな障害があって、同じ率では下がりません。たとえば、製造業のほとんどでは、賃金コストは以前と実際上、変わっていません。悪循環がどのように起こるのかをみていきましょう。羊毛と小麦の値段が下がっています。小麦や毛織物の服を買うイギリスの消費者にとって値段が下がるのはありがたいことだと、みなさんは思うかもしれません。しかし、羊毛と小麦の生産者は商品を売ってもわずかな代金しか得られないので、イギリス製品をいつも通りに買うわけにはいきません。このため、イギリスの消費者のうち、これら製品の生産にたずさわっている労働者は、仕事がなくなってしまいます。ものが安く買えるようになっても、収入が減っているのでは意味がありません。

　サミュエル・ジョンソンがイギリス北東部のスカイ島を訪問したとき、この島では卵二十個を一ペニーで買えるという話を聞きました。そのとき、こう答えています。「だったら、この貧しい島では卵が豊富なのではなく、お金がよほどないのでしょう」

　ものが安くなったとき、生産の効率と技術が高まったことがその理由であれば、確かに良いことです。しかし、ものが安くなって生産者が破滅するのであれば、これ以上はないといえるほど、経済が悲惨な状況になっているのです。

国民が現在の事態を深刻に受け止めていないというと、間違いになるでしょう。しかし、十分に深刻に受け止めているかどうかは疑問だとも思います。何百万人もが失業しているなか、奇跡を生み出すはずの富が大量に浪費されています。いま失業している労働者が働き、操業していない工場が動き出せば、一日に何百万ポンドもの製品が生産できます。そうなれば労働者は幸せになり、生活も良くなります。ここで腰を据えて事態の改善を図るべきであり、戦争のときのように、断固とした決意をもって、あらゆる犠牲を払ってでも行動する心構えをもつべきです。ところが、これまでのやり方を変えるのは容易でないので、身動きがとれなくなっているようです。現状の特徴は、誰が提案したものでも、ほとんどすべての対策案について、何らかの点で反対できることだと思います。もちろん、良い提案も悪い提案もあるわけですし、どの提案にも良い部分はあります。しかし、どれも採用していません。

最悪なのは、何もしないことを正当化する素晴らしい口実がある点です。現在の危機を解決するのは、かなりの程度、わたしたちの力に余ることなのです。問題は国際的であり、イギリスのように貿易に大きく依存している国には、自国で達成できる点にかなり限度があります。しかし、行動しない理由はそれだけではありません。もう一つ、大きな理由があると思います。どのような種類の行動が役に立ち、どのような種類の行動が役に立たないのかについて、深刻な誤解があることです。いま、国を思う人の多くは、現在の問題を解決するために自分や周囲の人たちがとれる最善の方法として、いつもより貯蓄を増やすべきだと考えています。収入のうち支出に回す部分の比率をいつもより減らせば、雇用を守れると考えているのです。町議会や市議会の議員であれば、このような時期には、新しい文化施設や新しい公共工事への支出に反対するのが正しい行動だと信じています。

確かに、ある状況のもとでは、これはまったく正しい行動です。しかし現在の状況では、不幸なことに、これはまったく間違った行動です。完全に有害で間違った行動であり、正しい行動の正反対なのです。貯蓄の目的は、住宅や工場、道路、機械などの資本財の生産に、労働を振り向けられるようにすることです。しかし、失業者が大量にいて資本財の生産にいつでも振り向けられる状況になっているのであれば、貯蓄を増やしても労働者の余剰を増やすだけになり、そのため、失業を増やすだけになります。それだけでなく、貯蓄が増えたために、あるいは別の要因で労働者が失業すれば、その人は購買力が低下します。それまでに買っていた商品が買えなくなり、その商品の生産にあたっていた労働者の間で、さらに失業が増えることになります。こうして悪循環になって、状況が悪化の一途をたどります。

これはわたしの推測ですが、五シリングを貯蓄すると、一人の労働者が一日、失業します。一ポンドを貯蓄すれば、四人が一日失業するのです。逆に、ものを買えば雇用が増えます。もっとも、イギリス製の商品を買わなければなりません。国内の雇用を増やすには、国内で生産された商品を買わなければなりません。これは、まったく単純明快な常識です。商品を買えば、誰かがそれを生産しなければなりません。商品を買わなければ、店では在庫が減らず、追加注文をださないので、誰かが失業することになります。

ですから、国を愛する主婦の皆さんにお願いします。あすの朝早く、町に行き、あちこちで宣伝している大売り出しの店に入ってください。素晴らしい買い物になります。いまほどものが安くなったときはなく、夢にも思わなかったほど安くなっているのです。下着やシーツや毛布を買い込んでください。必要なものが買えたうえ、国内の職を増やし、富を増やしたと喜ぶこともできます。買い物をすれば役立つ動きが起こり、ランカシアやヨークシア、ベルファストに機会と希望をもたらすことになるのです。

これは一例にすぎません。自分自身と自分の家族にとってとくに必要になっているものにお金を使ってください。たとえば、自宅の改築や新築を考えてください。

いま必要なのは、財布の口をしっかりと締めることではなく、財布の口を緩めて、活動的になることなのです。何かをして、何かを買い、何かを作る、そういう気分になることです。常識で考えれば、この点ははっきりしています。逆の方向にいけばどうなるか、極端な例で考えてみましょう。みなが所得を使うのをやめて、全額を貯蓄に回せばどうなるでしょうか。答えは明らかです。全員が職を失うことになります。そしてすぐに、所得がなくなって買い物ができなくなります。誰も豊かにはならず、全員が餓死することになります。全員が誰からもものを買わない、クリーニングを頼んだりもしないという風にしていると、当然、そうなります。ものやサービスを買ってくれる人がいて、生活が成り立っているのですから。地方自治体についても同じことがいえます。いまは、地方自治体が忙しく働いて、とくに必要な事業をあらゆる分野にわたって行うべき時期です。

患者は安静にして休む必要があるのではありません。運動が必要なのです。支出を控え、注文をだすのを拒否し、何もしないでじっとしていては、人びとは働くことができません。逆に、経済の進歩の車輪、富の生産の車輪がふたたび回転するようにするには、何らかの行動をとることが唯一の方法です。

個人や地方自治体だけでなく、国のレベルでも、偉大で壮麗な計画が立てられ、実行されるよう望んでいます。数日前、テムズ川の南岸にストランド街に並行する広い道路を作り、ウェストミンスターとシティを結ぶ新しい大通りにする提案を読みました。まさに正しい方向の提案です。しかし、もっと大規模な計画がほしいと思います。たとえば、ロンドン南部のウェストミンスターからグリニッジまでの全体をすべて再開発することだってできます。建物をすべて取り壊して、徹底的にやればいいのです。そうすれば、職場に近い便利な場所に大量の住宅を建てて、いまよりはるかに人口を増やすことができます。建物ははるかに良くなり、最新の設備をすべて備えたものになります。そのうえ、公園や道路、公共施設に広大な土地を使えるようになります。計画が完成すれば、じつに見事な光景になり、同時に生活に便利で役立つ地域になって、いまの時代の記念碑にもなるでしょう。この計画で職が増えるのでしょうか。もちろん、増えます。労働者は仕事がなく、惨めな思いをしながら、失業手当で暮らしていく方が良いのでしょうか。もちろん、そんなことはありません。

では、今日お話しした点をまとめておきましょう。第一に、現状がきわめて深刻であることを強調したいと思います。労働者の四分の一が失業しているのです。第二に、問題は国際的であり、イギリスだけでは解決できません。第三に、それでもできることはあり、その際には、何か活動的なことが必要です。何かをして、何かに支出し、大規模な事業活動を起こす必要があるのです。

しかし最後にお話ししておきたい点があります。わたしの提案を聞いて、少々恐ろしくなる人がいるのは、贅沢な提案だと感じて、いまではるかに貧しくなっているので、そんな贅沢はできないと恐れているからだと思います。わたしたちはいまでは貧しくなっており、以前とくらべてはるかに貧しくなっているので、手に入る布地に合わせて服を作ること、つまり、分相応の生活をすることが何よりも必要だと考えています。要するに、消費を減らし、生活水準を引き下げ、もっと勤勉に働いて、節約しなければならず、それがいまの苦境から抜け出す道だとみているのです。わたしの判断では、この見方は事実に合っていません。布地はたっぷりあります。ないのは、裁断して服を作る勇気です。そこで、イギリスの経済力を十分に理解できるように、いくつかの明るい事実を示したいと思います。

まず、明らかな点を思い出していただきたいと思います。国民の大部分の生活は以前と比較して、はるかに良くなっています。いまや労働者の四分の一近くが失業していますが、それでも、ほとんどの国では職をもっている労働者でも達成できないほど高い生活水準を維持できるように、失業者を支えています。そのなかですら、国富は毎年、増加しています。フランスやドイツとくらべても高い賃金を支払い、労働者の四分の一近い失業者を支え、さらに、住宅や道路、発電所などを大量に建設した後に、巨額の資金を外国に貸し付ける余裕があるのです。一九二九年にはこの余裕が世界のどの国よりも多く、アメリカとくらべてすら、多くなっています。

どうして、ここまでのことができているのでしょうか。悲観論者の見方が正しく、イギリス経済がとんでもなく非効率で、贅沢が行きすぎていて、貧しくなってきているのであれば、ここまでのことができるはずがありません。ここまでのことができているのは、悲観論者の見方がまったく間違っているからです。もちろん、経済をもっとうまく管理できていて、現在のような苦境に陥らなければ、イギリスはもっともっと豊かになっていたはずです。しかし、イギリスは非効率ではありません。貧しくはありません。資本を食いつぶして生活しているのではありません。正反対です。イギリスの労働者とイギリスの工場は、以前よりはるかに生産性が高くなっています。国民所得は急速に増加しています。だからこそ、ここまでのことができているのです。

いくつかの数値をあげておきましょう。ごく最近の一九二四年と比較しても、一人当たりの生産量はおそらく、十パーセント増えています。つまり、同じだけの富を、十パーセント少ない就業者で生み出せるようになっています。第一次大戦前と比較すると、おそらくは二十パーセントも増えているはずです。通貨価値の変動による部分を除くと、国民所得はごく最近の一九二九年にも、大量に失業者がいたなかで、おそらく年に一億ポンドも増加し、それが何年も続いてきました（今年はもちろん、そうはいかないでしょうが）。それと同時に、ほとんど気づかないほど静かに、革命といえるほど所得分配を変えてきており、いまでは以前よりはるかに平等に近くなっています。

ですから、いまの苦しみは若者に特有の成長痛なのであって、年寄りのリウマチではないのだと自信をもつべきです。いま問題にぶつかっているのは、機会を十分に活かせていないからであり、大幅に高まった生産力と生産のエネルギーを活かせる販路を見つけだせていないからです。ですから、支出を抑えるべきではありません。思い切って支出すべきです。個人のレベルでも国のレベルでも、大胆に思い切った行動をとることを解決策としなければなりません。

＊リスナー誌一九三一年一月十四日号

二　節約報告書（一九三一年八月十五日）

節約委員会の報告書は、いくつもの観点から検討できる。とても貴重な文書であり、経済政策の重要な論点について、賛成するのか反対するのか、決断を迫っている。とりわけ、国際価格の下落に合わせてイギリス国内の賃金を引き下げて、デフレーションを定着させたいのかどうか、決断するよう迫っている。そうしたいのであれば、学校の教員と警官だけで賃金引き下げの過程が終わるかのように主張するのは馬鹿げている。節約委員会報告書は行きすぎているか、不徹底か、どちらかである。しかしここで論じたいのは、その点ではない。報告書で無視されていると思われる点に、以下の議論を絞っていきたい。

報告書を読むと、提案が実行されたとき、失業者数や税収にどのような影響を与える可能性があるのか、委員会が少しでも考えた形跡がまったくない。委員会は、イギリス国民の購買力を低下させる提案を行っている。一つには所得を減らすよう推奨し、もう一つには現在は職についている人を失業させるよう推奨しているからだ。この購買力低下が他の部分での上昇で相殺されると想定する理由は示していない。なぜなら、委員会の見方では、この提案による節約を利用して、政府は減税を行うのではなく、借り入れを減らすべきだとしているからである。おそらく委員会は頭の片隅で、社会には貸し付けに使われる資金が一定の金額あり、その全額がいつも貸し付けられているので、政府が借り入れを減らせば、民間企業がかならず借り入れを増やすことになると単純に考えているのだろう。しかし、少し考えて、具体的で明確な言葉で表現しようとしていれば、この単純な考えを信じられなくなったはずだ。

委員会の提案では、製造業の賃金を引き下げれば、貿易収支が改善するとみられる点すら論じられていない。提案には生産コストを引き下げることを狙った項目が入っていないからである。逆に、雇い主の保険料負担を増やすよう提案しており、これは生産コストを引き上げる要因になる。

そこで、報告書に欠けている部分を埋めて、提案通りに購買力を低下させたときにどうなりうるかを推測してみよう。

購買力低下の一部は、外国商品の購入が減るという結果につながると予想されよう。たとえば、失業手当が減額されれば、失業者はもっと節約して、輸入食品の購入を減らさなければならないだろう。その分、貿易収支が改善する。購買力が低下したとき、貯蓄を減らす人もいるだろう。たとえば、教員の賃金を引き下げたとき、教員はそれまでの生活水準を維持するために、おそらくは貯蓄を減らすし、なかには、貯蓄を取り崩していく人もいるだろう。しかし、残りの部分はイギリスの生産者の売上を減らすことになり、警官や教員、失業者などが国内商品にあてる支出が、たとえば七千万ポンド減ることになる。イギリスの生産者は、この売上減少に対応して、支出を減らすか、従業員の一部を解雇するしかない。つまり、生産者は政府が示した範にならうしかなくなり、そのために同じ結果が生まれて、さらに繰り返されていく。

結局、失業手当をもらう失業者が大幅に増え、所得と利益が減少するために税収が減る。実際のところ、政府が財政赤字を減らしたときの直接の結果は、政府が借り入れを増やして公共事業を行ったときの結果と正反対になる。どちらの場合にも、結果がどうなると予想されるか、正確な数値を算出することはできないが、大きな方向は予想できる。委員会の推奨のうちいくつか、たとえば、道路、住宅、植林に関する推奨は、失業対策として公共事業を行う政策の基礎にある原則をはっきりと否定するものになっており、事実上、この原則に基づく政策をくつがえすよう求めている。ところが、そう主張する根拠を示そうとはしていない。思うに、委員会の委員はみな、じつに単純な人たちであり、金を使わないようにすることの利点は明らかだと考えているのだろう。ここで論じている問題があることにすら気づかないほど、単純な人たちなのかもしれない。だが、実際には十分に根拠のある主張に反対しているのである。公共事業による経済対策に反対する意見は主に、適切な公共事業を案出するのが現実には難しいことを根拠にしており、原則に反対しているわけではない。だが、委員会の提案は現に行われている対策を逆転させるよう求めており、現実的かどうかだけではなく、原則が間違っていると主張することになっている。

そこで、大ざっぱにではあるが、例を示すためだけであっても、委員会の推奨にしたがって政府が一億ポンドを節減したとき、直接の結果がどの程度になるか、おおよその見当を示しておこう。以下のような結果になると、予想される。

(1) 失業者が二十五万人から四十万人増加する。
(2) 貿易赤字がたとえば、二千万ポンド減少する。
(3) 国民の貯蓄が一千万ポンドから一千五百万ポンド減少する。
(4) 企業利益が二千万ポンドから三千万ポンド減少する。
(5) 企業利益の減少によって、経営者ら、企業利益に依存している人たちの支出が一千万ポンドから一千五百万ポンド減少する。
(6) 民間企業が国内で行う設備投資、運転資本などの投資が、五百万ポンドから一千万ポンド減少する。これは企業利益減少の結果であり、委員会の提案が実行されて、企業の「信認」が高まる心理的影響を考慮したものである。
(7) 政府の財政赤字の純削減幅は五千万ポンドを超えない。一億ポンドの節減が、税収の減少と失業者の増加による歳出増で一部相殺されるためである。

ここに示した数値はもちろん、当て推量にすぎない。しかし、⑵と⑶と⑷を足して⑸と⑹を差し引いたものが⑺、つまり財政赤字の純削減幅になるのは事実であり、二足す二が四になるのと変わらないほどの真実である。この恒等式に関しては、異論をさしはさむ余地はない。各項目の数値がどうなるかを議論できるだけである。たとえば、⑹については、減少ではなく増加になるとする主張もあるだろう。この項目が大幅に増加すれば（そう主張する根拠が十分にあるとは思わないが）、委員会の提案を実行することの利点がまったく違ってくる。

現時点で、各国政府はいずれも財政収支が大幅な赤字になっている。政府が何らかの方法で借り入れを行っているのは、いうならば、自然にとられる対策であり、現在のように深刻な不況の際にも、企業の赤字が極端に膨れあがって生産がまったく止まるのを防ぐようになっているのである。どのような面からみても、政府の借り入れが公共事業の資金を賄うためである方が、失業手当（あるいは退役軍人のボーナス）を支払うためであるより、はるかに良い。公共事業が何らかの点で役立つものであれば、そういえる。そして、不況が現在のように深刻になれば、政府の借り入れが唯一の現実的な選択肢になり、何らかの目的で政府が借り入れることが、現実的に考えれば不可欠になる（減債基金を縮小しても同じ効果がある）。この場合にはまったく幸いなことに、人間の弱さが人間の頑迷さによる間違いを是正してくれると確信できる。

とはいっても、他に方法がないというわけではない。ここでは、たとえば、関税や、平価切り下げや、国内のすべての所得を引き下げる協定にどのような利点があるかは論じない。ここでは、財政赤字を削減するために節約委員会の推奨を採用したとき、どのような結果になるかを分析しているだけである。誤解されないようにつけくわえておくなら、推奨のうち、ある部分は、増税のほとんどより好ましい（以下に記すように、関税は例外だが）とわたしはみている。委員会は高い能力と公正な見方をもち、詳細にわたる分析を行っているのだから。

財政に関するわたしの提案を記しておこう。不況が続いている間、減債基金への繰り入れを中断し、失業保険基金のための借り入れを継続し、収入関税を課すべきだとみている。不況から脱出するためには、まったく違う政策に頼らなければならない。不況が終わり、民間企業の資本需要が正常に戻り、雇用が好調になり、税収が増加するようになれば、そのときは減債基金を回復し、生産性の低い国営事業を批判的に検討すべきである。

*ニュー・ステーツマン・アンド・ネーション誌一九三一年八月十五日号

三　節約法案（一九三一年九月十九日）

予算案と節約法案は、愚かさと不公正さに満ちている。自分を犠牲にして世の中のためになりたいと心から願う多数の人たちの道徳的なエネルギーと熱意がこれほど間違った方向に向けられるのは、悲しいことである。

現在の危機に対処するには、国の政策の目標は、第一に貿易収支の改善におくべきであり、第二に、税収を通常の経常歳出に等しくするために、生産を減らすのではなく増やして国民所得と税収の増加を達成すると同時に、社会的な公正の原則を尊重することにおくべきである。政府の実際の政策は、どちらの基準も満たしていない。貿易収支にはあまり影響を与えない。失業を大幅に増やし、税収を減らすことになる。そして、公正の原則を、考えにくいほど踏みにじっている。

まずは、公正の原則を取り上げる。裕福な人たちの所得は、二・五パーセントから三・五パーセント引き下げられる。これに対して学校の教員の所得は十五パーセント削減され[1]、そのうえ増税になる。教員だけを選び出して差別的に扱うのはとんでもないことであり、たまたま公務員であることだけが理由なのだから、何をかいわんやである。近年、高い資格をもつ教員を引きつけるために、将来に希望をもたせる政策がとられてきたのだから、まったく無茶な話である。そのうえ、既存の契約を解除する権限を与えることすら提案されている。教員だけが犠牲にされて財政の神に捧げられたのは、内閣が正気を失い、無責任になっていることを十分に示している。この賃下げが必要不可欠だと主張することはできないからだ。これによる歳出の削減は六百万ポンドである。これに対して、減債基金には三千二百万ポンドが繰り入れられ、茶や砂糖など、財政収入をもたらしうる関税は据え置かれているのである。首相はこの政策を正当とする根拠を示しておらず、過去に閣僚の一部が一時的に恐怖にかられて(すぐに正気を取り戻したのだが)、同様の政策を考えた前例があると指摘しただけであった。

(注1) 削減幅は後に、十パーセントになった。

教員の賃下げは不公正さをとくに明確に示す好例である。しかし、同じことが程度の違いはあるものの、公務員の給与水準に対する攻撃のすべてについてもいえる。賃金を簡単に引き下げられるからという理由で公務員を差別するのは、公正ではない。少なくとも、「犠牲の平等」という言葉が使われていなければ、もう少しましになっていただろう。

それだけでなく、政府の政策は間違っているというに止まらず、愚かでもある。雇用に与える直接の影響は悲惨なものになるはずである。失業手当が十パーセント引き下げられるが、失業者数はそれ以上の率で増加すると予想して間違いないだろう。これまで、民間設備投資の急減の影響を緩和するために不十分ながらとられてきた政策を、後先考えずに反転させている。いわゆる「財務省の見方」が極端な形で勝利を収めることになる。国民の購買力が減少するだけでなく、道路や住宅などの建設が縮小される。地方自治体も追随するだろう。この政策を支えている原則が受け入れられれば、最終的に、ジャガ芋を自給している幸せな人を除いて、全員が失業することになる。全員が節約に励んで、他人からものやサービスを買うのを拒否するからだ。減債基金を維持するために道路基金を削減するのは、現在の危機的な状況では正気の沙汰とは思えない。

最後に、貿易収支の問題がある。これが現在の危機で主要なポイントになっている。全体的にみて、予算案では生産費は変わらない。教員の賃金を引き下げても、世界の市場を取り戻す役には立たない。公務員の賃金など、政府が直接に管理できる経費を削減しても、輸出の振興にはほとんど役立たないのである。この予算案を第一歩として賃金を全体的に引き下げようとしているとの見方は、悪意ある中傷だと政府は主張している。だが、第一歩でないとすれば、まったく意味をなさない。そのうえ、政府は今回の予算案に生産費を上昇させる点が一つだけあるとしている。雇い主の保険料負担を増やすことである。この保険料は事実上、雇用にあたって徴収される人頭税である。政府は正気を失っていることを疑問の余地なく示すために、保険料負担の引き上げを決めたというわけだ。

政府の今回の計画が貿易収支の改善をもたらす道筋は二つしかない。第一に、失業などのために貧しくなった国民は、消費を減らす。その大部分は国内企業の損失になり、国内の失業をさらに増やすだけになる。しかしその一部は、おそらく五分の一程度だろうが、輸入の減少をもたらす。これすら、自由貿易論者が主張するように、輸入の減少によって輸出が同じだけ減少する結果になるのであれば、貿易収支の改善にはつながらない。それに、輸入の削減に取り組む方法としては、これは無駄が多すぎる。第二に、失業者数を増やすとともに失業の苦しみを増やすことで、賃金の引き下げが受け入れられる可能性がわずかに高まるだろう。節約には、資源を開放して、他の用途で有効利用できるようにすること以外に、目的も意味もない。政府の計画で使われなくなる資源のうち、小さな部分は、貿易収支の改善につながる。残りの部分は、国内の労働者と工場であり、すでに過剰になっている。

したがって、政府が国民に苦難に耐えるよう求めて達成しようとしている計画は、大きな方向が間違っており、失業と貿易赤字という双子の問題の解決には役立たないのだ。

貿易赤字についていうなら、これが是正されなければ、遠くない将来に金本位制を破壊することになり、教員の賃金をゼロにしてもこの結果は避けられないだろう。いまとりうる対策は、平価切り下げか、輸入の劇的な直接規制、賃金の大幅な引き下げ(私見では三十パーセント以上)、国際情勢の決定的な変化しかない。賃金を全体的に引き下げようとすれば、激しい労働争議が起こり、数週間のうちに金平価を放棄せざるをえなくなるだろう。したがって現実的には、平価切り下げに代わる手段にはならない。このため、内閣が検討するに値する選択肢は三つしかない。第一に、もっとも穏やかな対策は輸入制限である。第二は現在の金平価から離脱するが、ポンド切り下げが極端にならないようにする方法である。第三は、国際会議を開催し、それも、これまでのどの国際会議とも違って、決定的な問題を解決することを目指して、金本位制の諸国に最後の機会を与える方法である。それ以外の案を検討しても、時間の無駄になるだけだ。第三の方法の利点は、この方法をとったときにだけ、国際情勢の改善をもたらす可能性がわずかとはいえあることだ。国際情勢が改善しなければ、イギリスは対外投資からの所得を失いかねず、そうなれば、関税でも平価切り下げでも相殺できない規模の打撃を受けることになろう。

＊ニュー・ステーツマン・アンド・ネーション誌一九三一年九月十九日号

通貨価値崩壊が銀行に与えた影響（一九三一年八月）

一年前には、農業、鉱業、製造業、運輸業が正常な利益をあげることができず、その結果、失業と生産的資源の無駄が起こっていることが、経済状況の特徴になっていた。いまでは、世界の各地で銀行の経営難が深刻になっている点が、最大の懸念材料になっている。一九三一年七月にドイツで起こった強烈な危機は、当然といえる以上の衝撃を世界に与えたが、政治的な動きと政治の先行きへの恐れで加速されたことは疑う余地がないものの、基本的には銀行危機であった。頭でっかちの構造が最終的に崩壊したのだが、そもそものような構造が作られてきたこと自体、わたしの判断では、銀行の健全性の原則に対する罪だったのである。この構造が作られてきたとき、人びとは驚き恐れながら見守っていた。しかし、その崩壊をもたらした直接の要因は、銀行家に責任があるものではなく、ごく少数の人しか予想していなかったことであった。金通貨の価値が大幅に変動し、その結果、金本位制をとるすべての国で、債務者が金を基準に契約していた債務の負担が大幅に変動したのである。

そもそもの始めから説明していこう。世界には無数の実物資産があり、資本資産になっている。建物や、商品在庫や、仕掛品や、輸送中の商品などである。ところが、これら資産の名目上の所有者は、資産を所有するために資金を借り入れていることが少なくない。その部分では、富の実際の所有者は実物資産に対してではなく、資金に対する請求権をもっている。この「資金調達」のかなりの部分は、銀行制度を通して行われており、銀行は、資金を貸す預金者と、実物資産の購入のために資金を借り入れる借り手とを仲介し、保証を提供している。実物資産と富の所有者の間に通貨のベールを介在させることは、現代世界に特徴的な性格である。近年、主要な銀行制度に対する信認が高まったことが一因になって、この方法が恐るべき規模にまで拡大してきた。各種の銀行預金の残高は、たとえばアメリカでは五百億ドル規模であり、イギリスでは二十億ポンド規模である。これ以外に、個人が保有する債券と不動産担保ローンが巨額に達している。

以上は一般論としては、よく知られている。また、通貨の価値が変われば、金銭に対する請求権をもつ債権者と、金銭を借りている債務者の相対的な立場が大きく混乱しうることも、よく知られている。いうまでもないことだが、物価の下落は、金銭に対する請求権の価値の上昇と同じであり、そうなった場合、実質的な富が債務者から債権者に移転し、実物資産のうち預金者の請求権の対象になる部分の比率が上昇し、資金を借り入れて資産を購入した名目上の所有者に属する部分の比率が低下する。誰でも知っているように、物価の変動が混乱をもたらす理由の一つはここにある。

しかし、ここで注意を促したいのは、物価下落の特徴としてよく知られている以上の点ではない。注意を促したいのはこの先の仕組みであり、この仕組みのために、通常なら無視できる通貨価値の変動がきわめて大きくなり、ある決まった水準を超えたときに、突如重要な問題になることである。

通貨価値の穏やかな変動、過去に頻繁に起こった程度の変動であれば、預金者と債務者の間で保証を提供している銀行は、重大な問題だとは思わない。なぜなら、銀行はあらかじめ、貸し付けの担保になっている資産の価値と、実物資産全体の価値について、ある程度までの変動に備えるようにしており、その手段として、借り手に「マージン」と呼ばれるものを要求しているからである。つまり、借り手が貸し手に「担保」として提供する実物資産の価値のうち、「マージン」を差し引いた比率までしか貸さないのである。「マージン」の比率は、過去の事例を参考に、通常の状況ならあらゆる場合にほぼ安全な水準に設定されている。もちろん、場合によって、この比率には大きな違いがある。しかし、市場性のある資産では、「マージン」は二十パーセントから三十パーセントであれば適切だし、五十パーセントであればきわめて慎重だとみられてきた。したがって、資産の金銭価値の下落幅がこの通常の比率以下に十分に収まっていれば、銀行の損益に対する直接の影響は過剰にならない。銀行は貸借対照表の負債の側に預金者への債務があり、資産の側に借り手への債権があるので、通貨の価値がどうであれ、銀行にとって決定的な問題にはならない。しかし、資産の金銭価値が短期間に大幅に下落し、貸し出しの担保になっている資産のかなりの部分で、通常の「マージン」を超える下落率になった場合に何が起こるのか、考えてみよう。銀行にとって悲惨な結果になりうることが、すぐに分かる。幸い、これほどの下落はめったに起こらない。きわめてまれな現象なのだ。一九三一年まで、現代の世界の歴史では、一度も起こったことがなかった。資産の金銭価値が大幅に上昇したことは、極端なインフレになった国に例がある。しかしこの場合、別の点では悲惨な結果になるが、銀行の立場が危うくなることはない。「マージン」が上昇するからだ。一九二一年の不況の際には、確かに資産の金銭価値が大幅に下落したが、それ以前には極端な高水準になっていたし、高水準だった期間は数か月か数週間にすぎなかった。このため、銀行の融資のうち、高水準の価値に基づいていた部分の比率は低く、高水準の価値は信頼できるとされるほど長期にわたって続いてはいなかった。そして、実物資産の金銭価値がほぼすべての分野にわたって世界的に急落したのは、過去二年間がはじめてであり、それ以前には例がなかった。最後に、ごく最近のことなので銀行もまだほとんど気づいていないが、過去数か月には、多くの場合に、通常の「マージン」を超えるほど、下落幅が大きくなっている。市場の言葉を使えば、「マージン」不足になったわけだ。この点の詳細に部外者が気づくのは、おそらくほとんど偶然に何か特別なことが起こって、危険な状況になってからになるとみられる。なぜなら、銀行が状況の好転を静かに待ち、融資の多くで担保が当初ほど安全ではなくなっている事実を当面無視する姿勢をとった場合、表面的には何も起こっていないように思えるし、パニックになる理由はないからである。とはいえ、この段階にも、銀行の基本的な経営状態が悪化しているために、新規事業に大きな悪影響を与えるとみられる。

銀行は貸し出しの多くが実際には「凍り付いて」いて、潜在的なリスクが意図したよりも高くなっていることを認識しているので、残りの資産についてはできるかぎり流動性が高く、リスクのないものにしたいと、強く望むようになるからだ。その結果、表面にはあらわれず、気づかれないまま、さまざまな形で新規事業に影響を与えることになる。銀行は、事業に資金を貸し付けて資源の使途を固定することに、通常よりはるかに慎重になるのだ。

ここで注意を促している点が数量的にみてどこまで重要なのかを推定するには、さまざまな種類の資産の価格がどうなっているのかを検討しなければならない。まず、国際的に取引される商品のうち、主要な原材料と食料品がある。銀行にとって、これらの商品はきわめて重要である。これら商品は、倉庫に収められている在庫や、輸送中の商品、製造業で加工された半製品や販売用製品など、どのような形であっても、銀行が資金をつけている部分の比率がきわめて高いからである。過去一年半に、これら商品の価格は平均でみて、約二十五パーセント下がっている。しかしこれは平均であり、銀行はある顧客の担保を別の顧客の担保と平均することはできない。経済で重要な位置を占めている商品の多くは、四十パーセントから五十パーセント、あるいはそれ以上に価格が下落している。

　つぎに、大企業の株式がある。世界の株式市場の主要な銘柄である。ほとんどの国で、これら銘柄の株価は平均して、四十パーセントから五十パーセント下がっている。これも平均である。個別にみていくと、二年前に優良とされていた銘柄でも、はるかに大幅に下がっている場合がある。つぎに債券など、確定利付きの証券がある。このうち、もっとも質が高い部分では、価格が若干上昇しているか、そうでなくても、五パーセント以下の下落で収まっており、一部の人たちにとって大きな支えになっている。その他の債券のうち、最高品質ではないが、それでもかなり質が高い部分は、価格が十パーセントから十五パーセント下がっている。一方、外国の政府債はよく知られているように、価格が大幅に下落した。これら債券の価格下落は、もっと率が低い場合でも、銀行にとって深刻さが低いわけではない。イギリスでは事情が違うが、他国では、これらの債券は銀行が保有していることが多く、損失から守るための「マージン」がないからである。

商品価格と証券価格の下落は一般に、ほとんどの国で同じように起こっている。これに対して、資産のうち、総額でみてとくに重要な別の項目、不動産では、国ごとの違いが大きい。イギリスで、そしてわたしの見方ではフランスでも、安定をもたらしている大きな要因は、不動産価格が比較的底堅い点である。不動産市場は不況になっておらず、そのため、不動産担保ローン事業は健全であり、不動産を担保に貸し付けられた多数の融資は痛んでいない。しかし、他の多くの国では不況によって不動産価格も下落している。とくにアメリカでは、農地価格が大幅に下落し、都市部の近代的な建物も、いまでは当初の建設コストの六十パーセントから七十パーセントを超える価格では売れないことが多く、はるかに低い価格でしか売れない場合も少なくない。不動産価格が下落している国では、現在の経済問題がはるかに深刻になっている。第一に、不動産に投じられている資金がきわめて巨額だからであり、第二に、不動産は通常、リスクがあまりないと考えられてきたからである。

最後に、銀行が顧客の事業を支えるために提供してきた貸し出しがある。この部分は、すべての資産のなかで最悪の状況になっていることが多い。この種の貸し出しを裏付けているのは主に、資金をつけた事業で得られた利益か、今後に予想される利益である。ところが現在の状況がすぐに改善しないようなら、原材料生産者、農民、製造業企業の多くは利益を獲得できず、支払い不能に陥る可能性が高い。

要するに、いまでは不動産を除くあらゆる資産で、社会の厚生にとってどれほど有益で重要な資産であっても、前例がほとんどないほど極端に時価が下落しているのである。しかもいまの社会では前述のように、実物資産と富の所有者の間にある広い領域に、通貨のベールを介在させている。実物資産の名目上の所有者は、富の実際の所有者から資金を借り入れて、資産を購入している。さらに、この過程は大部分、銀行制度を通して行われている。銀行は、いうならば、対価を得て保証をつけ、実際の借り手と実際の貸し手を仲介している。そして、実際の貸し手に保証を提供しているのだが、銀行による保証が意味をもつのは、実際の借り手が保有している資産の金銭価値が、その資産の購入のために貸し出された金額に見合っている場合だけである。

この点が理由になって、資産の金銭価値の下落が現在のように深刻になると、金融構造全体の健全性が脅かされることになる。銀行と銀行家はその性格上、将来を見通せない。何が起ころうとしているかをみていない。なかには、物価の下落を歓迎したものすらいる。何とも無邪気なもので、戦前の物価水準こそが正しく、「自然」であって、いずれそこまで下がるのは避けられないと考えているのだ。いいかえれば、若いころに慣れ親しんでいた水準に向けて物価が下がっていくのをみて、安心していたのである。アメリカの銀行の一部は、「エコノミスト」と呼ばれる専門家を雇っているが、エコノミストはいまですら、ある種の商品とサービスの価格がまだ十分に下がっていない点に問題の原因があると主張している。物価が実際にそこまで下がれば、勤め先の金融機関の支払い能力に深刻な脅威になることは、明らかなのだが。「健全」な銀行家とは、危険を予想し、うまく避ける人物ではない。破綻するときには、ごく普通の常識的な理由で、多数の銀行家と同じ時期に破綻するので、誰も非難できない銀行家なのである。

しかしいまでは、銀行家もようやく事態の深刻さに気づくようになってきた。多くの国で、銀行家は厳しい事実を認識するようになった。顧客のマージンが不足するようになると、銀行自体が崖っぷちに立たされるという事実である。いま、不良資産のすべてを本当に保守的に評価すれば、世界の銀行のうちかなりの部分が債務超過に陥っていると思う。そして、デフレがさらに進めば、この比率が急速に上昇するだろう。幸い、イギリスの銀行は現在、さまざまな理由で、おそらく世界でもとくに強力だといえる。しかし、デフレがある水準に達すれば、どの銀行も耐えられなくなる。世界のかなりの部分で、そしてとりわけアメリカで、銀行の状況は、国民にはある程度まで隠されているが、実際には現状でもっとも弱い部分であるとも思える。現在のトレンドがこのまま続けば、それほど進まないうちに、何かが壊れるのは明白である。何の対策もとられなかった場合、本当に決定的な破綻が起こるのは、世界の銀行のなかであろう。

現代資本主義はいま、各種資産の金銭価値をもとの水準に高める何らかの方法を見つけるのか、あるいは、広範囲な支払い不能と債務不履行、金融構造の大きな部分の崩壊に直面するのか、選択を迫られているとわたしは確信している。崩壊の道を選んだ場合には、その後の再出発にあたって、予想ほど貧しくはなっておらず、おそらく予想よりはるかに明るい気分になっているだろうが、それまでの間、無駄と混乱、社会的な不公正の時期があり、私有財産と富の所有が全般に再調整されることになろう。「破滅」する個人が多いだろうが、社会全体でみれば、以前と同じように豊かだろう。しかし、苦難と興奮の圧力を受けて、事態をもっとうまく管理する方法を見つけだすとも思える。

現在の動きをみると、世界の銀行家は自滅の方向を選ぼうとしているようだ。どの段階にも、十分に抜本的な解決策を採用しようとはしなかった。いまでは、適切な対策をとらないまま、事態が悪化したために、解決策を見つけるのは極端に難しくなっている。

銀行家は仕事の性格上、体裁を維持し、人間離れした立派な人物であるかのように装う必要がある。これが一生の習慣になっているため、銀行家はとりわけ現実離れしていて、現実的に考えるのがとりわけ苦手な人間になっている。自行の経営状態を疑われないようにするのが習い性になっているので、手遅れになるまで、自分でも経営状態を調べてみようとは思わない。正直な市民なので、自分たちが住んでいる邪悪な世界で危機が起これば、当然に憤慨する。だが、それも危機が深化してからだ。危機を予想したりはしない。銀行家の陰謀だと叫ぶ人がいる。まったく馬鹿げている。陰謀をはたらけるほどなら、どんなにいいだろう。だから、銀行家が救われるとすれば、本人の意思とは別の要因がはたらいた結果になると予想される。

＊イギリスでは『説得論集』（一九三一年）ではじめて公表

金本位制への復帰

(The Return to the Gold Standard)

呪うべき黄金欲（一九三〇年九月）

金が価値の基準に選ばれたのは、主に伝統のためである。代表通貨が発達する以前には、繰り返し語られてきた理由で、価値保蔵の手段、あるいは購買力を支配する手段にするのにもっとも適切な商品として、金属が選ばれるのが自然である。四千年から五千年前に、文明世界は金、銀、銅を通貨として使う習慣を確立したが、そのなかで銀がもっとも重要な地位を占め、つぎに銅が重要な地位を占めていた。古代ギリシャのミュケナイでは、金が第一の金属とされた。つぎに、ケルト人かドーリア人の影響で、短期間、ヨーロッパと地中海の北岸で、銅の代わりに鉄が使われた。アケメネス朝ペルシャ帝国が金と銀を固定比率で使う複本位制を維持し、紀元前四世紀にアレクサンドロス大王に滅ぼされるまで続けたことから、ふたたび金、銀、銅が使われるようになり、銀がとくに重要な金属になった。その後は銀が中心になる時代が長く続いた（ただし、東ローマ帝国では金がある程度使われていた）。その間、金と銀の複本位制を確立する試みが何度かあり、とくに十八世紀から十九世紀初めにかけて、ある程度成功を収めている。そして、第一次世界大戦までの五十年間にようやく、金が最終的に勝利を収めた。

ジグムント・フロイトは、無意識の奥深くに特別の理由があって、とくに金が人間の強い本能を刺激し、象徴として使われているのだと論じている。古代エジプトの神官は黄金に魔法の特性があると考えたが、この特性が消えたことはない。金は、価値保蔵の手段としてみた場合、はるかな昔から熱心な支援者がつねにいたわけだが、購買力の唯一の基準としての地位を確立したのは、ごく最近にすぎない。一九一四年の時点では、イギリスで法律上、この地位を確立してから、百年経っていなかった（もっとも、事実上、この地位を確立してからであれば、二百年以上が経過していた）。他国のほとんどでは、六十年経っていなかった。理由は簡単である。ごく短期間の例外はあったが、それ以外の時期には金は希少すぎて、世界の主要な通貨としてのニーズを満たせなかったのである。金はいまも昔も、極端に希少な商品である。大西洋航路で使われている大型船を使えば、一回の航海で、これまで七千年間に採掘されるか採取された金をすべて運搬できる。五百年か一千年に一度、新たな供給源が見つかり（十九世紀後半はそういう時期の一つだ）、一時的に豊富になる。しかし一般的にいえば、金はいつも不足していた。

近年、呪うべき黄金欲に、かつてなかったほど分厚い装いをつけて、尊敬に値するものであるかにみせようとする動きがあり、性や宗教の分野ですらそうなっている。これが当初は複本位制との厳しい戦いのために必要な鎧《よろい》だったのだが、金本位制論者が主張するように、金が不換紙幣という病を予防する唯一の手段であるために、いまでも外せなくなっているのか、それとも、フロイトのいう深層心理の醜さを覆い隠すものにすぎないのかは、追及する必要はないだろう。しかし、誰でもよく知っている点を思い出すよう、読者に求めておきたい。金は保守主義の主張の一部になっており、偏見をもたずに論じられるとは予想できない点の一つになっていることである。

しかし、いまの世代になって、大きな変化が起こっており、おそらくは最終的に、これが決定打になると思われる。第一次大戦のとき、国民は各人が少しずつ持っていた金を、国に供出した。戦争は過去には金の拡散をもたらすことがあり、たとえば、ペルシャ帝国の神殿にあった金がアレクサンドロス大王によって、インカ帝国の金がピサロによって、各地に散らばることになった。だが第一次大戦では逆に、金が各国中央銀行の金庫に集められる結果になり、その後も放出されていない。このため、ほぼ世界全体で、金は流通しなくなっている。人から人にわたることはなくなり、貪欲な人間が感触を楽しむこともできなくなった。家族の小さな守護神として、財布や靴下や缶の中に収められていた金は、それぞれの国で黄金を象徴する唯一の場所に吸い取られ、地下の大金庫に収められて、見えなくなった。金は視界から消え、地中に戻ったのである。しかし、守護神が黄金色の正装で地上を歩く姿がもはや見られなくなると、合理化の動きがはじまった。無駄を省き、不合理な部分を省いていけば、そう遠くない将来に何も残らなくなるだろう。

こうして、商品通貨の長い時代がついに、代表通貨の時代に屈して終わりになったのである。金は硬貨や退蔵物、富に対する請求権ではなくなり、個人が握りしめていさえすれば価値がなくならない有形のものという地位を失った。そして、はるかに抽象的なもの、価値基準にすぎなくなった。金がこの名目的な地位を維持しているのは、中央銀行のグループの間でときおり、少量がやりとりされるからにすぎなくなり、それも、いずれかの国の中央銀行が他国にとって適切である以上に、管理する代表通貨を膨張させるか収縮させるかした場合にかぎられている。そして、このやりとりすら、不必要な輸送費がかかるために少々時代後れになり、いまでは、場所を移すことなく、所有者の名前だけを変える方式がとられている。ここからそれほど大きくない一歩を踏み出せば、中央銀行が協議し、金の支配を正式に放棄することもなく、大金庫に収められている金の量を、現代の錬金術によって好ましいと考える数値に変え、その価値を自由に選ぶ動きがはじまるだろう。金は当初、太陽と月のように、配偶者の銀とともに天上に位置していたのだが、まずは神聖な性格を失って地上におり、独裁者として君臨するようになった。つぎには、中央銀行という内閣に支配権を譲り渡した立憲君主になるとみられる。共和制を宣言する必要はないとも思える。しかし、まだそうなってはおらず、まったく違う進路をとる可能性もある。金の支持者はきわめて賢明に、穏やかに振る舞わなければ、革命を避けることができないだろう。

＊『通貨論』（一九三〇年九月）より

金融政策の目標の選択（一九二三年）[1]

（注1）イギリスの金本位制への復帰以前に書かれている。

通貨の不安定性は、アメリカを除くほとんどの国では、二つの要因によって複雑になっている。第一に、価値の基準と見なされている金に対して、国の通貨が安定した水準を維持できていない。第二に、金自体が、購買力という点で安定していない。これまで、関心が向けられてきたのは主に、二つの要因のうち、第一の要因であった（たとえば、一九一九年のカンリフ委員会報告書がそうだ）。金本位制の再建、つまり金に対する固定比率による各国通貨の兌換性回復を目標にするのは、当然の前提だと考えられていることが多い。その場合、主要な問題になるのは、金に対する価値でみて、通貨を戦前の水準に戻すのか、それとも現状に近い低い水準で固定するのかである。いいかえれば、デフレーションなのか平価切り下げなのかである。

この前提は早急である。過去五年間の物価動向を少しみれば、いくつかの点が明らかになる。アメリカは、金本位制を一貫して維持してきたのだが、他の多くの国と変わらないほど、物価が大きく変動してきた。イギリスでは、金の価値の不安定性の方が、為替相場の不安定性よりも大きな要因であった。フランスですら、イギリスと同じ状況になっている。イタリアでは、この二つの要因がほぼ同じ大きさになっていた。一方、インドでは、為替相場が激しく変動したが、価値の基準は他国より安定していた。

したがって、為替相場を固定しても、通貨の問題は解消しない。逆に、為替相場を固定すれば、管理能力が弱まる可能性すらある。安定化の問題にはいくつもの側面があり、一つずつ検討していかなければならない。
一　平価切り下げかデフレか。価値の基準を、それが金であってもなくても、現在の価値近くで固定することを望むのか、それとも戦前の価値の回復を望むのか。

二　物価の安定か為替相場の安定か。自国通貨の価値が購買力の点で安定していることと、ある外国通貨との為替相場の点で安定していることのうち、どちらの方が重要なのか。

三　金本位制の再建。以上の二点への答えを考えたとき、金本位制は理論的にみた場合に不完全だとしても、目的を達成するためには現実的に最善の方法なのだろうか。

I　平価切り下げかデフレか

ある国の通貨の量を、その国が通貨の形で必要とする購買力に対する比率でみて減少させ、金か商品でみた通貨の交換価値を高める政策は便宜上、デフレーションと呼ばれている。

これに対して、通貨の価値を現在の水準近くで安定させ、戦前の価値を考慮しない政策は、平価切り下げと呼ばれている。

一九二二年四月のジェノバ会議まで、この二つの政策は国民の間ではっきり違ったものとは認識されておらず、大きな違いが少しずつ認識されてきたにすぎない。現在

（一九二三年十月）ですら、ヨーロッパ各国政府のうち、通貨価値を安定させる政策をとるのか、引き上げる政策をとるのかを明確にしているところはほとんどない。現在の水準で安定させる政策は、国際会議で推奨されてきた。そして多くの国では、実際の通貨価値は上昇するのではなく下落する傾向にある。しかし他の事実をみていくと、ヨーロッパ各国の中央銀行は本心では、チェコスロバキアのように成功した場合も、フランスのように失敗した場合もあるが、自国通貨の価値を高めることを望んでいるとみられる。

デフレに反対する論拠は、単純化すれば二点にまとめられる。

第一に、デフレは望ましくない。なぜなら、既存の価値の基準を変更することになり、かならず悪影響がでるからであり、また、富が再配分されて、事業活動に打撃を与えると同時に、社会の安定性に打撃を与えるからである。デフレでは前述のように、社会の他の部分から金利生活者階級と通貨で支払いを受ける権利をもつ人たちに富が移転する。インフレでは、逆方向に富が移転する。デフレではとくに、すべての借り手から貸し手に富が移転する。つまり、商人、製造業企業、農民などの活動的な階級から、非活動的な階級に富が移転するのである。

納税者を抑圧して金利生活者階級を富ませるのがデフレの主な長期的結果だが、もう一つ、通貨価値が安定するまでの経過期間に、もっと激しい混乱が起こる。商品でみた自国通貨の価値を、現在の水準からたとえば百パーセント高い水準まで、徐々に引き上げる政策をとった場合、すべての商人、すべての製造業企業に、しばらくの間、手元にある在庫と原材料の価値が下がりつづけると通知することになる。そして、事業資金を借り入れているすべての人に、負債で百パーセントの損失を被ると通知することになる（商品の量でみた場合、借り入れた資金の二倍を返済しなければならなくなるからだ）。現代の企業はかなりの部分、借り入れた資金で事業を行っているので、こうした事態になれば、事業活動が止まらざるをえない。事業を行っているものにとっては、しばらく事業を休むのが利益になる。支出を考えているものにとっては、できるかぎり発注を遅らせるのが利益になる。賢明な人なら、資産をすべて現金に換え、事業活動に伴うリスクと手間を避け、田舎に引っこんで現金の価値が上昇するのを待つだろう。デフレが起こる可能性が高いと予想されるようになるだけで、打撃は大きい。デフレが確実に起こると予想されるようになれば、悲惨な状況になる。現代の事業の世界では、通貨価値の下落より通貨価値の上昇の方が、適合が難しい仕組みになっているからである。

第二に、多くの国では、デフレは望ましいと判断された場合ですら、それが可能な状況にはなっていない。つまり、第一次世界大戦前の平価を回復するほどのデフレは不可能なのだ。納税者の負担が耐えられないほど重くなるのである。デフレ政策は現実には実行不可能なため、無害だといえるはずだが、実際には、デフレに代わる政策がとれなくなり、ときには、不確実性と激しい季節変動の時期が長引いて、事業活動に大きな打撃を与えるほどにもなりうる。フランスとイタリアではいまでも、戦前の平価の回復が政府の正式な政策であるため、通貨改革を冷静に議論できなくなっている。「正しい」主張をしていると思われたいのであれば（そう願う人は金融界には多いが）、馬鹿げた主張をするしかない。イタリアでは、経済についての健全な見方が強い影響力をもっており、通貨改革の機が熟しているようにも思えるが、ムッソリーニ首相はリラを以前の価値に引き上げると強硬に主張している。イタリアの納税者と企業にとって幸いなことに、リラ相場は独裁者が命じても従おうとはせず、通貨価値の上昇という薬を飲もうとしない。しかし、こうした主張で積極的な改革が先送りされうる。もっとも、まともな政治家なら、虚勢と熱狂に突き動かされたとしても、意味を理解したうえで、そのような政策を打ち出すとは思えない。同じ意味をもつ別の言葉でいいかえれば、こうなるのだから。「わたしの政策は、賃金を半分にし、政府債務の負担を倍にし、シチリア島がオレンジやレモンを輸出して得られる代金を半分にすることだ」

ヨーロッパ諸国の多くで、通貨の価値を第一次大戦前の金平価まで回復する政策が望ましくなく、可能でもないのであれば、ほとんどの国がこの有害で不可能な政策を掲げているのは、どのような理由か論拠があるからなのだろう。とくに重要な点をあげれば、以下の通りである。

第一の論拠。自国通貨の金平価が戦争によって低下した状態を放置するのは、金利生活者階級など、収入の金額が決まっている人たちに対して不正な行為であり、事実上の契約違反である。戦前の価値を回復すれば、道義的な責任を果たせる。

第一次大戦前に債券を保有していた人たちが打撃を受けたのは、疑問の余地がない。ほんとうに公正な政策をとるのであれば、債券保有者の収入について、金でみた価値を回復するに止まらず、購買力を回復するべきだともいえるだろうが、実際にそう主張している人はいない。一方、名目上は公正さが損なわれているわけではない。債券投資は金地金ではなく、その国の法貨で行われているからである。とはいえ、債券投資家だけを対象にすることができるのであれば、当然の期待を満たすのが公正だし、得策でもあることが、強い論拠になる。

しかし現実は違っている。戦費調達のために発行された国債は戦前から保有されている債券よりはるかに多いし、社会は新しい状況にほぼ適合している。デフレによって戦前から保有されている債券の価値を回復すれば、同時に、戦中と戦後に購入された債券の価値も高まることになり、その結果、金利生活者階級の請求権が全体として適正な水準を上回るうえ、社会全体の所得に対する比率が高くなりすぎて負担できなくなる。何が公正なのかを適切に考慮すれば、結論は逆になるのである。現時点で有効な金銭契約のうち、圧倒的な部分は、通貨の価値が一九一三年の水準よりも現在の水準に近かったときに結ばれている。したがって、債権者のうち、一部に公正な政策をとるために、債務者の大多数に対して、はるかに大きな不正をはたらくことになる。

通貨価値の下落が長期にわたって続いていて、社会が新しい価値に適合するようになっている場合には、デフレはインフレよりも打撃になるのである。どちらも「不公正」であり、当然の予想を裏切ることになる。しかし、インフレには、政府債務の負担を軽減し、企業活動を刺激する点で、問題を相殺する要素が少しはあるが、デフレにはそういう要素がまったくない。

第二の論拠。通貨の価値を第一次大戦前の金平価の水準まで回復すれば、金融市場で国の評価が高まり、将来にわたって信認が強まる。

戦前の金平価を短期間で回復することが可能だと期待できる国では、この主張は無視できない。イギリス、オランダ、スウェーデン、スイスはそう期待でき、スペインもおそらく期待できるだろうが、その他のヨーロッパ諸国は期待できない。法貨の価値をある程度高められるとしても、戦前の水準をおそらく回復できない国には、この主張は適用できない。この主張の核心は、戦前の金平価とまったく同じ水準を回復することである。イタリアにとって、通貨の価値を一ポンド百リラで安定させても、六十リラで安定させても、金融市場での評価にたいした影響はない。そして、百リラで完全に安定させる方が、六十リラと百リラの間で変動させておくより、金融市場での評価ははるかに高くなるだろう。

したがって、この主張が通用するのは、金でみた通貨の価値が、戦前の水準から、たとえば五パーセント以内か十パーセント以内の国だけである。そうした国でこの主張がどこまで有効なのかは、以下で論じる問題をどう考えるかに左右される。つまり、過去にそうしたように将来にも、無条件の金本位制にみずからを縛り付けることを意図するのかどうかに左右される。どの代替案よりも金本位制を好むのであれば、そして、自国通貨の「信認」が購買力の安定ではなく、金平価の固定によるのであれば、五パーセント以内か十パーセント以内のデフレによる不正に耐える価値はある。この見方は、百年前、同様の状況でリカードが主張したものに基づいている。一方、今後は金平価の固定ではなく、物価水準の安定を目指すのであれば、議論は無用である。

第三の論拠。金でみた自国通貨の価値を高めることができれば、労働者は生活費が低下して生活が楽になり、外国の商品は安く買えるようになり、金で契約されている対外債務（たとえば、アメリカに対する債務）はもっと楽に返済できるようになる。

この主張はまったくの幻想にすぎないが、他の二つと変わらないほど影響力をもっている。たとえばフランの価値が高まれば、フランで支払われる賃金で買えるものは多くなり、フランで支払われる輸入品の価格はそれだけ安くなると主張されている。違う。そうはならない。フランが高くなれば、フランで買える労働力と商品が多くなる。つまり、賃金は下がるのだ。そして、輸入代金を支払うための輸出品の価格は、フランでみたとき、輸入品の価格と同じだけ下がるのである。また、ポンドが一ポンド四ドルに落ち着いても、第一次大戦前の平価に落ち着いても、長期的にみたとき、イギリスがドル建ての債務を返済するためにアメリカに輸出しなければならない商品の量は変わらない。この債務は金で決められているのだから、債務の負担を左右するのは金の価値であって、ポンドの価値ではない。理解するのが容易ではないようだが、通貨は取引を仲介するものにすぎず、それ自体には重要性がなく、人から人にわたっていき、受け取ってはでていくのであり、その役割を果たせば、国富の総額には入らないのである。

Ⅱ　物価の安定か為替相場の安定か

いくつかの条件がつくものの、ある国の通貨とその他各国の通貨の為替相場は、議論を単純にするために外国通貨が一つしかないと想定すると、国内の物価水準と外国の物価水準の比率で決まるので、為替相場が安定するのは、国内の物価水準と外国の物価水準がどちらも安定しているときだけである。したがって、外国の物価水準は自国で管理できないのであれば、国内の物価水準か、為替相場か、いずれかが外国の動向に左右されるのを許容するしかない。外国の物価水準が不安定であれば、国内の物価水準と為替相場をどちらも安定させることはできない。どちらを安定させるかを選ばなければならない。

第一次大戦前には世界のほぼすべてが金本位制を採用していたので、物価の安定ではなく、為替相場の安定を選ぶしかなく、自国ではまったく管理できない要因、たとえば外国での金鉱の発見や、外国の金融政策の変更による自国の物価水準の変化で社会が受ける影響を受け入れるしかなかった。これを受け入れていたのは、一部にはここまで自動的ではない政策（ただし、もっと合理的な政策）を採用するほどの自信がなかったからであり、また一部には物価の変動が実際には穏やかだったからである。それでも、他の政策を主張する有力な意見もあった。とくにアービング・フィッシャーが提案した補整ドル案は、すべての国が同じ案を採用しないかぎり、国内の物価水準の安定を為替相場の安定より重視する結果になる政策であった。

正しい選択はどの国でも同じになるというわけではない。一つには、その国の経済がどこまで貿易に依存しているかによる。しかし、ほとんどの場合に、可能でありさえすれば物価の安定が選ばれると考えられているようだ。為替相場の安定はその性格上、貿易に従事しているものの効率性を高め、富を増やす利点をもっている。これに対して物価の安定は、前述のさまざまな害悪を避けるために、きわめて重要である。契約や事業にあたっての期待のうち、為替相場の安定を想定しているものは、イギリスのような貿易国ですら、国内物価の安定を想定しているものよりはるかに少ないはずである。為替相場の安定を選ぶべきだとする主張の主な論拠は、この方が達成しやすい目標だという点のようだ。自国と外国が同じ価値基準を採用しているだけで、達成できるからである。これに対して物価指数の安定性を維持するように国内の価値基準を調節するには、一筋縄ではいかない経済学の革新が必要であり、これまで一度も実行されたことがない。

いずれにせよ、深く考えることもなく、固定為替相場制の回復が目標だと想定するのであれば、この想定について、ときおり行われてきた以上にしっかりと検討する必要がある。過半数の国が同じ基準を採用するのははるか将来になると予想されるときには、とくに慎重に検討するべきだ。金本位制を採用すればほぼ世界全体に対して為替相場の安定を達成できる一方、他の本位制を採用すれば一国だけ突飛な政策を採用したと思われた時代には、金本位制に確実性と利便性という堅実な利点があったために、金を好む保守的な見方が支えられていた。それでも、貿易商にとっての利便性と、確実な金に対する素朴な情熱だけでは、金の支配を維持するのに不十分だったと思う。もう一つ、半ば偶然の要因があったからこそ、金本位制が維持されてきたのである。過去に何十年にもわたって、金本位制によって為替相場が安定しただけでなく、物価水準も全体として安定したという要因である。このため、為替相場の安定と物価水準の安定のうちどちらを選ぶのか、厳しい選択を迫られる状況にはならなかった。そして、南アフリカの金鉱が開発される前、物価水準の下落が続くと思われるようになった時期に複本位制論争が激しくなった点をみれば、既存の基準が物価の安定と両立しないとみられるようになったとき、すぐに不満がでてくることが分かる。

実際のところ、金の国際的な流れを管理する第一次大戦前の制度によって、各国間の物価水準が近年のように突然、大幅に乖離する事態に対応できたかどうかは疑わしい。戦前の体制は、一国と他国の為替相場が固定され、国内の物価水準が為替相場に合わせて調整されなければならない（つまり、主に外国からの影響に左右される）仕組みになっていて、調整が遅く鈍感すぎるところに欠陥があった。これに対して戦後の体制は、物価水準が主に国内の要因に左右され（つまり、国内の金融・信用政策で動き）、外国との為替相場が物価水準に合わせて調整されなければならない仕組みになっていて、調整が速く敏感すぎて、一時的にすぎない要因のために極端に動きかねないところに欠陥がある。とはいえ、変動が大幅で突然に起こる場合、均衡を維持するには素早い反応が必要である。そして、素早い反応が必要な点が一つの要因になって、戦前の方法は戦後の条件に合わなくなっており、為替相場の最終的な固定を宣言することには、誰もが不安を感じているのである。

為替相場の変動は、外国との間の相対的な物価水準が、政治や市場心理などのごく短期的な要因や、貿易の季節性という時期的な圧力に振り回されうることを意味する。しかし同時に、この方法は、原因が何であれ、国際収支が実際に不均衡になったとき、とくに急速で強力な調整手段になるし、自国の資源で負担できないほど対外支払いを増やそうとする国に対しては、素晴らしい予防手段になる。

したがって、強いショックのために、国内の物価水準と国外の物価水準の均衡が崩れたとき、戦前の方法は現実の問題として崩壊する可能性が高い。その理由は単純だ。国内の物価水準を十分なスピードで再調整することはできないからである。もちろん理論的には、戦前の方法は遅かれ早かれ効果を発揮するはずだが、そのためにはインフレかデフレが必要な程度に達するまで、金の輸出入が制限されることなく許容されなければならない。しかし現実には、実際の通貨か、通貨を裏付ける金が海外に流出するペースと総額には限度があるのが通常である。社会と企業活動の仕組みによって可能な物価下落のペースよりも、通貨、信用の供給量の減少ペースが速い場合には、耐え難い問題が起こってくる。

Ⅲ　金本位制の再建

ここまでの議論の結論はこうだ。国内物価水準の安定と対外的な為替相場の安定が両立しない場合、通常、国内物価水準の安定を選ぶのが好ましい。また、両者の対立が厳しくなった場合、幸いなことに、為替相場の安定を犠牲にして国内物価水準の安定を維持するのが、もっとも抵抗の少ない方法である。

金本位制を再建したとき、第一次大戦前の平価を回復するにせよ、それ以外の平価を使うにせよ、国内の物価水準が完全に安定することはなく、他国のすべてが金本位制に復帰したときに、為替相場が安定するだけである。したがって、金本位制を再建するべきだといえるかどうかは、国内物価水準の安定と為替相場の安定という二つの理想の間で、最善のバランスを実現できるかどうかにかかっている。

金を価値基準にするよう主張し、一層科学的な方法に反対する人たちは、二つの点を論拠にしている。第一は、金は現実に、価値の基準としてかなり安定してきたし、今後も安定を維持するとの見方である。第二は、現実問題として、政府には思慮が欠けることの方が多いので、管理通貨制度は遅かれ早かれ失敗するとの見方である。保守主義と懐疑主義が手を結んでおり、これはよくみられる現象だ。おそらく、迷信も一役買っている。金はいまでも、色と輝きの魅力が消えていない。

十九世紀に世界が大きく変化するなかで、金の価値が安定してきたことは、確かに特筆に値する。オーストラリアとカリフォルニアで金鉱が発見された後、金の価値は危険なほど下落するようになり、南アフリカでの採掘がはじまる前に、危険なほど上昇するようになった。しかしどちらの時期にも、金の価値は調整され、金は評判を維持した。

しかし、今後の条件は過去とは違っている。第一次大戦前には特別な条件があって、ある種のバランスが保たれたのだが、今後も同じ条件が続くと予想する十分な理由はない。十九世紀に金の価値が安定していた点は、どのように説明できるのであろうか。

第一に、金鉱発見という面での進歩が、他の面での進歩とほぼ同じペースになっていた。これはまったく偶然の一致だとはいえない。この時期の進歩は、地球上の各地が徐々に開拓され、開発されていくことを特徴としていたので、進歩とともに、それまで知られていなかった地域で金鉱が発見されていくのは、不自然ではなかった。しかし、歴史のこの段階はいまではほぼ終わっている。重要な金鉱が最後に発見されてから、すでに四半世紀が経過している。いまでは物質面の進歩は、科学技術の進歩による部分が多くなっており、科学技術が金鉱の発見に結び付くのは、ときおりでしかないだろう。かなりの期間にわたって、金採掘の方法が大きくは進歩しないともみられる。そしていつか、天才的な化学者が昔の夢と忘れられた法螺《ほら》話を実現して、物語に登場する錬金術師のように、卑金属から貴金属を作り出すか、南海の泡沫の際に語られたように、海水から金を抽出するかもしれない。金の価値は高くなりすぎるか、低くなりすぎる可能性がある。いずれの場合にも、偶然が重なって金の価値が安定すると予想するわけにはいかない。

しかし、以前には別の種類の要因があって、金の価値安定の一助になっていた。金の価値は一つの集団の政策や決定に依存していなかった。そして、供給のうちかなりの部分は、市場に吸収されて、供給過剰を生み出すことはなかった。工芸品に使われるかアジアで退蔵されたのであり、その際の限界価値は、他の金属と比較した金の価値に関する安定した心理的評価に基づいていた。金には「固有の価値」があり、「管理」通貨のような危険はないといわれるのは、このためである。金の価値を決める要因には多様性があり、それぞれが独立しているので、全体として価値を安定させる。世界の発券銀行の多くが、負債に対する金準備の比率をそれぞれ恣意的に決め、動かしていたが、そのために予想外の要因が加わるどころか、逆に安定をもたらす要因になった。金が比較的豊富な時期には、発券銀行は金準備率が若干上昇するのを許容して、流入してくる金を吸収した。金が比較的不足している時期には、金準備を何らかの実際的な目的に使う意図はないので、ほとんどの発券銀行は金準備率が小幅低下しても、とくに問題だとは思わなかった。一九〇二年にボーア戦争が終わってから一九一四年に第一次大戦がはじまるまでの間、南アフリカから流入した金のうち、かなりの部分は、ヨーロッパなど各国の金準備に吸収され、物価にはほとんど影響を与えていない。

しかし、第一次大戦で大きな変化が起こった。金が「管理」通貨になったのである。西洋も東洋のように、金を退蔵するようになった。しかし、アメリカが金を退蔵するとき、インドの場合とは動機が違っている。いまではほとんどの国が金本位制を放棄しているので、主な利用者が実際に必要な量しか金を保有しないとすると、供給が大幅に過剰になる。アメリカは金の価格が「自然」価値の水準まで下落するのを許容するわけにはいかない。価値基準の下落には耐えられないのだ。そこで、南アフリカの鉱山労働者が苦労して地下から掘り出した金を、ワシントンの金庫に埋蔵する政策にコストをかけるしかなくなっている。この結果、金はいまでは「人為的な」価値をもつようになり、今後にどう推移するかはほとんど全面的に、アメリカの連邦準備制度理事会の政策によって決まる。金の価値はもはや、自然から与えられる偶然の贈り物と、多数の当局者と個人によるそれぞれ独立した判断の結果ではなくなっている。アメリカ以外の国が徐々に金本位制に戻ったとしても、この状況が大きく変わることはないだろう。何らかの種類の金為替本位制が採用されるようになっているし、おそらく個人の財布から消えた金貨が復活することはないとみられるので、金本位制の国の中央銀行が実際に必要とする金準備の需要は、現実の供給を大幅に下回ることになるだろう。したがって、実際の金の価値は、とくに強力な三か国か四か国の中央銀行の政策で決まることになろう。これら中央銀行がそれぞれ独立して行動しても、協調行動をとっても、この点に変わりはないだろう。一方、第一次大戦前と同じように、金を準備としてとともに流通する硬貨として使う方法に戻るのであれば（そうなる可能性はかなり低いと思うが）、グスタフ・カッセルが予想したように、金の不足が深刻になり、価値が上昇していくだろう。

アメリカが造幣局での金の受け入れを停止して、部分的な金廃貨に踏み切る可能性も無視してはならない。アメリカは現在、金の輸入を無制限に受け入れる政策をとっているが、この政策が正当だといえるのはおそらく、過渡期が続く間、伝統を維持し、信認を強化することを目的とする一時的な手段としてだけだろう。これを恒久的な政策としてみれば、愚かな出費だとしかいいようがない。連邦準備制度理事会が金の流入や流出とは関係のない水準にドルの価値を維持することを意図しているのであれば、造幣局で必要としない金を受け入れつづけ、巨額のコストを負担する狙いはどこにあるのか。アメリカの造幣局が金の受け入れを停止しても、金の実際の価格が変わるだけで、それ以外の点は何も変わらない。

したがって、今後、金の価値が安定性を維持するとの信認は、アメリカが必要としない金を受け入れる政策を続けるほど愚かであり、しかも、受け入れる以上は金の価値を一定に維持するほど賢明だとの見方に基づくことになる。この二点は、何も理解していない国民と、すべてを理解している連邦準備制度理事会の協力で実現するかもしれない。しかし、この状態は何とも不安定であり、今後にどのような本位制を採用するかを選択する立場にある国にとって、魅力的だとはいえない。

金価値の安定性の見通しに関する以上の議論は、無条件の金本位制を再建すべきだとする主張のうち、第二の主要な論拠に、あらかじめ部分的に答えている。「管理」通貨の危険を避ける唯一の方法だという論拠である。

過去何年かの経験を考えれば、賢明な人なら財務相や中央銀行から独立した価値の基準を望むのが当然である。現状では、さまざまな機会に、無知で軽薄な政治家が経済の分野で破壊的な結果をもたらしうるようになっている。一般的な見方では、政治家や中央銀行家は経済と金融に関する教育水準が全般に低いので、通貨制度の革新が実現でき、安全であるとはとても思えないとされている。為替相場を安定させるべきだとする主張は、財務相の手足を縛ることを主な目的にしているほどである。

確かに、過去何年かの実績をみれば、ためらう理由は十分にある。しかし、そのときに根拠になっている実績は、政治家や中央銀行家の能力を判断する材料にするには、公正だといえるものではない。これまで何年か、金や銀に基づかない本位制度がとられてきたのは、科学的な実験を冷静に行うためではまったくなかった。戦争かインフレ課税の結果、最後の手段としてやむなく採用されたのであり、その背景には財政が破綻していたか、状況が手に負えなくなっていたという事情があった。したがって当然ながら、悲惨な状況の伴奏曲であり、前奏曲だったのである。この実績に基づいても、正常な状態で何が達成できるかを議論することはできない。わたしの見方では、社会にとっての重要性がもっと低いものの、これまで達成できてきた各種の目標と比較して、価値の基準の管理がその性格上、もっと難しいと考える理由は見あたらない。

金については神の摂理を信頼していればいいのであれば、あるいは、安定した価値の基準が、すぐに使える形で自然によって用意されているのであれば、わずかな改善の試みとして、愚かで無知かもしれない中央銀行と政府に、通貨の管理を任せようなどとは考えない。しかし、そうはなっていない。すぐに使える基準はない。過去の事例をみていけば分かるように、非常事態が起こったとき、財務相の手足を縛ることはできない。そして、何よりも重要な点だが、不換紙幣と銀行信用が使われる現代の世界では、望むと望まざるとにかかわらず、「管理」通貨から逃れる道はなく、金との兌換性を回復しても、金の価値自体が中央銀行の政策に左右される事実は変わらない。

右の最後の点は、ここで少し時間をとって考えてみる価値がある。第一次大戦前に金準備について学び、教えてきた原則とは、状況がかなり違っているのだ。以前には、中央銀行が必要な水準以上に金をためこむような無駄遣いをするはずがないし、必要な水準以下に金の保有量を減らすような無謀なことをするはずがないと想定されていた。金はときおり、中央銀行から流出し、金貨として流通したり、外国に移送されたりする。過去の事例から、そうした場合に必要になる金の量は、中央銀行の債務に対して概ねある比率になることが分かっていた。中央銀行はこれをかなり上回る準備率で金を保有し、緊急事態に備えるとともに、信認を高めていた。そして信用の創出はほぼ、この準備率を維持するという観点で管理されていた。たとえばイングランド銀行は、金の潮流に身を任せ、金の流出と流入が「自然な」結果を生み出すのを許容して、それが物価に与える影響を防ごうという考えはもたないのが当然だとされていた。しかし戦前にも、この制度は人為的なものという性格のために危うくなっていた。「準備率」は、年月が経つとともに現実との関係を失っていき、ほぼ慣習にすぎなくなっていった。この比率を上げても下げても、とくに問題はなくなった。第一次大戦でこの慣習が崩れている。金貨が使われなくなったことで、慣習を支えていた現実の要素のうち、一つが破壊され、兌換の停止によってもう一つも破壊されたからだ。「準備率」がまったく意味を失った以上、それを基準に公定歩合を決めるというのは馬鹿げている。そのため過去十年に、新たな政策が開発されてきた。公定歩合はいまでは、不完全だし実験的にすぎないとしても、景気と物価の安定を達成するという観点から信用の拡大と収縮を管理するために使われている。為替相場の安定と国内物価の安定が矛盾する場合にも、ドルに対する為替相場を安定させるために公定歩合が使われているのは、戦前の政策の名残であり、矛盾する目的の間で折衷策がとられているのである。

金本位制への復帰を主張する人たちは、実際の慣行が第一次大戦前とは違った道筋で変化してきた過程を十分に認識しているとはかぎらない。金本位制を再建した場合、公定歩合についても戦前と同じ考え方を採用し、金の流出入が何らかの仕組みで国内物価水準に影響を与えるのを放置し、信用サイクルが物価と雇用の安定に与える悲惨な影響を緩和する試みを放棄するのだろうか。あるいは、現在の実験的な政策を続け、さらに開発していく方針をとり、「銀行準備率」を無視し、必要なら、金準備が必要水準を大幅に上回るほど積み上がるのを放置し、逆に必要水準を大幅に下回るほど減少するのを放置するのだろうか。

じつのところ、金本位制はすでに未開の時代の遺物にすぎなくなっているのである。いまではイングランド銀行総裁から庶民まで、全員が主に景気、物価、雇用の安定を維持することを望んでいるのであり、どちらを選ぶかを迫られたとき、これらの安定を犠牲にすることが分かっていても、金一オンスは三ポンド十七シリング十・五ペンスでなければならないとする時代後れのドグマを守ろうとするとは考えにくい。昔の制度の復活を主張する人たちは、この制度がいまや、時代の精神と必要からどれほど離れているのかを認識していない。金や銀に基づかない管理通貨制度が、そうとは気づかれないまま、定着してきた。いまや、それが現実になっている。経済学者が眠りこんでいる間に、百年にわたる学界の夢が、学問的な装いを脱ぎ捨て、紙製のボロ服をまとって、現実の世界に忍び込んできたのである。これを実現したのは悪い妖精だ。いつでも良い妖精よりはるかに強い力をもっており、邪悪な財務相と呼ばれている。

こうした理由があるので、金本位制再建の支持者のなかでも十分な知識をもつ人たちは、たとえば財務省エコノミストのラルフ・ホートレーがそうだが、「自然」通貨に戻るのを歓迎しておらず、「管理」通貨にすることを明確に意図している。金が立憲君主として王座に戻ることしか許容しておらず、その際には昔の専制君主としての権力を剝奪し、中央銀行という議会の助言を受け入れるよう求めているのである。ホートレーは通貨に関するジェノバ決議の起草者が考えていた点を採用することを、金を支持する際に不可欠な条件にしている。著書の『通貨の再建』で論じているように、「各国中央発券銀行の継続的な協力体制」(決議案三)と、金為替本位制に基づき、「金の購買力の過度な変動を防ぐこと」(決議案十一)を目的とする国際条約を条件としている。そして、「将来の金の購買力に関する困難を抑える手段がとられているかどうか」に関係なく、金本位制を復活することには反対しているのである。同書でこう論じている。「国際的な行動を促進するのは容易ではなく、それが失敗した場合には、当面の最善の政策は、商品でみたポンドの価値を安定させることであって、予想できない気まぐれな動きを示す金属にポンドを連動させることではないともみられる」

このような主張を読むと、なぜ金をもちだす必要があるのかと質問したくなるのが当然である。ホートレーはこの折衷案を支える明らかな点、つまり心理と伝統の力、そしてイギリス人が専制君主の首をはねるより、権力を奪う方法を好むことは強調していない。そして、別の三つの理由をあげている。第一に、金は国際間の貸借の決済のために、流動性のある準備として必要である。第二に、古い制度から完全に離れることなく、実験を行うことが可能になる。第三に、金生産者の既得権に配慮しなければならない。しかし、これらの目的は、次項に示す提案によってほぼ達成できるので、ここでは論じない。

半面、国際協力によって秩序が保たれるだろうという非現実的な期待に基づいて、金本位制を再建することには、わたしは強く反対する。世界の金の分布状況を考えれば、金本位制を再建すれば、イギリスが国内物価水準と信用サイクルの管理をアメリカの連邦準備制度理事会に委ねることになるのは避けがたい。連邦準備制度理事会とイングランド銀行の間にとくに親密で友好的な協力関係が確立できたとしても、圧倒的な力をもつのがアメリカ側である事実は変わらない。連邦準備制度理事会はイングランド銀行の意向を無視できる立場にある。しかし、イングランド銀行は同理事会の意向を無視した場合、どう無視したかによって、金の大量流入か、大量流出に見舞われかねなくなる。そのうえ、あらかじめ確信できる点だが、アメリカ国民の間には、イングランド銀行がイギリスの利益を考えて、アメリカに政策を指示したり、アメリカの公定歩合に影響を与えようとするのではないかと疑う見方が強まるだろう(アメリカ国民にはそういう傾向があるからだ)。また、世界の金の余剰を吸収するために、無駄な経費を分担することも覚悟しておかなければならない。

現在の状況では、イギリスの行動の自由をアメリカの連邦準備制度理事会に譲り渡すのは早急だろう。同理事会はまだ歴史が浅く、緊迫した状況で果敢に独立した行動をとる能力をもっているかどうか、確認できないからだ。確かに、利益集団の圧力をはねかえそうと努力しているが、完全に成功するかどうか、まだ確かなことはいえない。いまでも、金利の引き下げを求める激しい圧力に屈しかねない状況にある。イギリスの影響を受けていると疑われれば、立場が強まるどころか、国民の要求に抵抗する力が大幅に弱まるだろう。立場の弱さや政策を間違える可能性を別にしても、同じ政策を同時に実行したとき、つねに両国のどちらにとっても利益になるとはかぎらない。信用サイクルや景気の状況が、イギリスとアメリカで大きく違うこともありうる。

したがって、物価、信用、雇用の安定が何よりも重要だとわたしは考えており、昔ながらの金本位制では過去とは違って、これらの安定をわずかでも確保できるとは思わないので、戦前のままの形で金本位制を再建する政策には反対する。同時に、「管理」型の金本位制をアメリカと協力して確立するべきだとするホートレー案も、疑問だと考える。古い制度の欠点を維持する一方で、利点は維持しておらず、連邦準備制度理事会の政策と目標に依存しすぎることになるからだ。

＊『通貨改革論』（一九二三年十月）より

今後の通貨制度に関する積極的な提案（一九二三年）

制度を健全で建設的なものにするには、つぎの二点が不可欠である。

Ⅰ　通貨と信用の供給を管理する方法。国内物価水準の安定を可能なかぎり維持するという観点に立って管理する。

Ⅱ　外国為替の供給を管理する方法。季節要因などの影響による純粋に一時的な為替相場の変動、つまり、国内物価水準と国外物価水準の関係が長期的に混乱した結果ではない変動を回避できるようにする。

イギリスでは、第一次世界大戦の後、半ばその場しのぎで形成されてきた制度を採用することで、理想にとくに近い制度をとくに容易に確立できると、わたしは考えている。

I

計画を建設的なものにするために必要な第一の要件は、現在の制度をもっと計画的に意識的に発展させるだけで達成できる。これまで、財務省とイングランド銀行は、ドルに対する為替相場の安定を目標としてきた（できれば、戦前の平価で安定させたいとしてきた）。ドルの価値（あるいは金の価値）が変動しても、この目標に固執する意図かどうかははっきりしない。いいかえれば、為替相場の安定と国内物価水準の安定が両立しない状態になったとき、国内物価水準の安定を犠牲にしても、為替相場の安定を目指すのかどうかは、明確になっていない。いずれにせよ、ここで提案する計画では、国内物価水準の安定を第一の目標にするよう求める。もっとも第二の目標として為替相場の安定を目指し、その手段として、連邦準備制度理事会と協力して共通政策を採用することは妨げられない。連邦準備制度理事会が国内物価の安定に成功していれば、イギリス国内物価の安定という目標は、ドルとポンドの為替相場の安定という目標と同じになる。ここで推奨するのは、連邦準備制度理事会が国内物価の安定に失敗した場合、対ドルの固定為替相場を維持するだけのためにイギリス国内物価の安定が脅かされる事態にならないよう、可能なかぎり努力する姿勢を明確にしておくことだけである。

この政策を採用した場合、イングランド銀行は公定歩合の操作にあたって、財務省は政府借り入れの管理にあたって、五大銀行は貿易金融の管理にあたって、それぞれどのような基準を採用するべきだろうか。第一の問題は、この基準が正確な数式であるべきなのか、それとも、入手できるすべてのデータに基づいて、状況を全体的に判断した結果にすべきなのかである。為替相場の安定ではなく、物価水準の安定を目標にする政策の先駆者、アービング・フィッシャーは、数式を基準にするよう主張した。つまり、「補整ドル」によって、判断や裁量を排除し、物価指数の水準を基準に自動的に調整する仕組みを提案したのである。しかしその際に、第一次大戦前の金準備と金準備率の制度にできるかぎり簡単に接ぎ木できる方法を提案する利点を重視したともみられる。いずれにせよ、そこまで硬直的な制度が賢明で実行可能かどうか、疑わしいと思う。物価が実際に動き出すのを待って対応策を実行するのでは、遅すぎる可能性がある。ホートレーが『通貨の再建』で論じているように、「対策をとらなければならないのは、過去の物価上昇ではなく、将来の物価上昇である」。物価変動は一方向に動きやすく、一つの動きが同じ方向の一層の動きを促し、ある地点まで累積していく傾向があるので、信用サイクルには激しいものになる性格がある。フィッシャーの方法は、金の価値の長期的なトレンドを扱うには適しているともみられるが、信用サイクルの短期変動という一層有害な問題を扱うには適していない。とはいえ、物価が実際に動いて対策が必要になるまで、行動するのを遅らせる点では適切だといえないが、信認を高め、価値の客観的な基準を確立することになるだろう。ただしそのためには、公式の物価指数が標準的な商品群の価格を示すように作成され、当局がこの商品群を価値の標準として扱い、その価格が正常な水準から上下に一定比率以上動くのを防ぐために、あらゆる手段を使うことが条件になる。戦前に、金の価格が一定比率を超えて上下に動くのを防ぐために、あらゆる手段を使っていたのと同様の政策をとる必要があるのである。標準的な商品群の詳細な構成は、さまざまな項目の経済的な重要性が変化していくのに伴って、ときどきに変更することもできる。

物価の実際のトレンド以外に、どのような基準を用いて金融当局の行動を決定すべきかは、信用サイクルの診断と分析の問題であって、この問題を適切に論じるのは本稿の範囲を超えている。この問題を深く調査するほど、公定歩合などの手段で信用の拡大を調節するのに適切な時期と方法を正確に理解できるようになるだろう。しかし、その間にも、経済の動きに関する一般的な情報が大量にあり、増えつづけているので、当局が判断する際の基礎として使える。もちろん、実際の価格の動きがとくに重要なデータだが、雇用の状態、生産量、信用の実需に関する銀行の判断、各種投資商品の金利、証券発行総額、通貨流通量、貿易統計、為替相場の水準をすべて考慮しなければならない。ここで肝心な点は、当局が使える手段を使って追求する目標が、物価の安定でなければならないことである。

Ⅱ

では、この主な目標を、為替相場の最大限の安定という目標と、どのように組み合わせるべきなのか。両者の最高の結果を、つまり、長期的な物価水準の安定と短期的な為替相場の安定を組み合わせることは可能なのだろうか。為替相場が一時的な要因に敏感になりすぎる問題を克服できることが、金本位制の大きな利点である。可能であれば、金そのものの価値が大きく変動したときに振り回されないようにしながら、この利点を確保することを目標にしなければならない。

イングランド銀行が公定歩合を管理しているように、金価格を管理する義務を引き受ければ、この方向に大きく前進できるとわたしはみている。「管理する」のであって、「釘付けする」のではない。イングランド銀行は戦前にそうしていたように、金の購入価格と売却価格を設定するべきであり、この価格は、公定歩合がそうであるように、かなりの期間にわたって据え置くことができる。しかし、公定歩合を固定していないように、金価格も釘付けにはしない（つまり、変えることのない固定価格にはしない）。イングランド銀行は毎週木曜日の朝に、公定歩合とともに金価格を発表する。戦前には金の売却価格は一オンス当たり三ポンド十七シリング十・五ペンス、購入価格は同三ポンド十七シリング九ペンスだったが、これと同じように売買価格の開きを設定する。ただし、金価格の頻繁な変更を防ぐために、この開きは一オンス当たり一・五ペンスより大きくし、たとえば〇・五パーセントか一パーセントにする方法もある。イングランド銀行がある期間にわたって同じ価格で金の購入と売却に応じることで、ドルとポンドの為替相場はそれに対応した限度内で安定することになる。小さな一時的要因では動かなくなり、イングランド銀行が国内物価の安定のために必要だと判断したときにだけ、動くことになろう。

公定歩合と金価格の組み合わせによって、金の流入か流出が過剰になった場合、イングランド銀行は国内要因、国外要因のどちらが安定した水準から乖離して、この流出入の原因になったのかを判断しなければならない。たとえば、金が流出した場合を考えてみよう。商品でみたポンドの価値が低下トレンドにあるためだとみられるのであれば、公定歩合の引き上げが正しい対策になる。商品でみた金の価値が上昇トレンドにあるためだとみられるのであれば、金価格の引き上げ（つまり、金の購入価格の引き上げ）が正しい対策になる。季節要因などの一時的な要因によるものだとみられるのであれば、金が流出するに任せ（もちろん、予想される兌換請求に応じられるほど、イングランド銀行の金準備があると想定した場合だが）、後に反動が起こって是正されるのを待つべきである。

以上で提案した仕組みの基本的な性格を変えることなく、技術的な改良を加えるには、イングランド銀行が毎日、金の現物価格だけでなく、三か月先物価格を発表する方法がある。現物価格と先物価格の差は、イングランド銀行がロンドン市場の短期金利を、ニューヨーク市場の短期金利より低く維持したいか、高く維持したいかによって、現物価格に対する先物価格のディスカウントまたはプレミアムになる。イングランド銀行が提示する先物価格があれば、自由な先物為替市場のしっかりした基礎になり、第一次大戦前とほぼ同じ方式で、ロンドンとニューヨークの間で短期資金の移動を促進するとともに、金地金の現送の必要を最小限に抑えるだろう。

以上から明らかなように、ここで提案した通貨制度では、金が重要な役割を担うことになる。最終的な安全装置として、突然の必要に備える準備として、金にまさる手段はまだないのである。しかし、金価格が気まぐれに動き、金の実質購買力が将来、予想できない変動を起こしたとき、イギリスの法貨がそれに従って変動する仕組みを取り消しできない形で確立しなくても、金の利点を利用することは可能なのだと強調したい。

*『通貨改革論』（一九二三年十月）より

チャーチル財務相の経済的帰結(一九二五年)[1]

(注1) 金本位制復帰の直後に書かれた。

I チャーチル財務相への間違った助言

ポンドの外国為替相場を、十パーセント低い水準から第一次世界大戦前の金平価に引き上げる政策は、イギリスの輸出品のすべてについて、外国の買い手がその国の通貨で十パーセントの値上げを受け入れなければならないか、あるいは、イギリスの輸出企業が自国通貨で十パーセントの値下げを受け入れなければならないか、いずれかを意味する。つまり、他国で価格が上昇しないかぎり、石炭や鉄鋼製品や海上輸送料などのポンド建て価格を十パーセント引き下げなければ、競争力を維持できないのである。したがって、為替相場を十パーセント引き上げる政策を実施すれば、イギリスの輸出産業ではポンド建ての売上が十パーセント減少する結果になる。

このとき、輸出産業にとって、賃金、輸送料、税金などの経費が同時に十パーセント低くなったのであれば、販売価格を十パーセント引き下げても問題はなく、以前より経営が苦しくなるわけではない。しかしもちろん、そうはなっていない。国内で生産される商品をあらゆる種類にわたって、輸出企業は仕入れているし、従業員は消費しているので、国内産業の賃金と経費が全般に十パーセント下がらないかぎり、販売価格を十パーセント引き下げることはできない。その間に、輸出産業のなかで体力が弱い企業は、破産状態に追いこまれている。金の価格が十パーセント低下しないかぎり、輸出企業の業績が回復するには、国内の物価と賃金が全般に十パーセント下がる必要がある。したがって、十パーセントのポンド高をもたらしたチャーチル財務相の政策は、遅かれ早かれ、労働者全員の賃金を一ポンド当たり二シリング引き下げる政策なのである。目標を望むものは手段を望む。いま、政府が直面しているのは、みずからが下した危険で不必要な決定を実行する厄介な仕事なのである。

為替相場が均衡水準から上放れをはじめたのは、昨年（一九二四年）の十月であり、その後、段階的にポンド相場が上昇してきた。当初は、第一次大戦前の平価で金本位制に復帰するとの予想が材料になり、後に復帰の事実が材料になったからであって、ポンドの固有の価値が向上したためではない。(2)商務相は下院で、金本位制の再建が輸出に与える影響は「良い面ばかりだ」と主張した。財務相は石炭産業の苦境について、メキシコ湾流のためでないように、金本位制への復帰のためではないと語った。どちらも、お馬鹿としかいいようのない発言だ。金本位制の再建は犠牲に値することであり、犠牲は一時的なものだというのであれば、閣僚にふさわしい発言だといえる。また、逆風をとくに強く感じている産業は、そもそも問題を抱えていたという発言であれば、一理ある。一般的な要因がはたらいているとき、他の理由で弱い部分がまず倒れる。しかし、インフルエンザが流行したときに命を落とすのは、もともと心臓が弱っていた人だからという理由で、インフルエンザの影響は「良い面ばかりだ」とか、大量の死者がでたのはメキシコ湾流のためでないように、インフルエンザのためではないなどと発言するのは、許されるものではない。

（注2）財務省の通貨委員会も同じ意見である。昨年秋から今年春にかけての為替相場の上昇は、金本位制を再建しなければ維持できないだろうと報告している。いいかえれば、金本位制再建前の為替相場上昇は、再建を予想した投機と資本移動のためであって、ポンドの固有

の価値が向上したためではない。

金本位制再建の影響が深刻になっているのは、一年前に問題がなかったわけではないからだ。当時、イギリスの賃金水準と生計費水準はアメリカの水準とは一致していたが、ヨーロッパの一部の国と比較すれば、すでに高すぎる状態になっていた。また、輸出産業の一部ではおそらく、人員と設備が過剰になっていて、資本と人員をある程度、国内産業に移すのが望ましく、長期的にみれば避けがたくもなっていた。したがって、イギリスはすでに厄介な問題にぶつかっていたのである。そして、ポンドの国際的な価値の切り上げに反対する理由の一つは、国内価値と国際価値の既存の乖離を緩和するのではなく、大幅に悪化させることであり、また、デフレの時期を経過する結果になるので、国内産業への労働者の移動を促進するような投資の拡大など、積極的な手段の採用を必然的に遅らせることであった。イギリスの賃金水準は金でみて、いまでは一年前より十五パーセント高くなった。イギリスの生計費は金でみて、いまではベルギーやフランス、イタリア、ドイツより極端に高くなっているので、これら諸国の労働者は金でみて、イギリスの水準より三十パーセント低い賃金を受け入れても、実質賃金では何の打撃も受けなくなっている。イギリスの輸出産業が打撃を受けているのも、不思議だとはいえない。

イギリスの輸出産業が打撃を受けているのは、十パーセントの引き下げを受け入れるよう、真っ先に求められるからである。国民全員が同時に同様の引き下げを受け入れるのであれば、生計費が下がり、名目賃金が低下しても、実質賃金はほぼ変わらない。しかし現実には、同時に引き下げる仕組みはない。したがって、ポンドの価値を意識的に引き上げる政策は、個々のグループとつぎつぎに戦うことを意味しており、しかもその際に、最終的に公正な結果になる見込みはなく、強いグループが弱いグループを犠牲にして利益を得る結果にならないという保証もないのである。

労働者階級が閣僚よりも、何が起こっているかを理解するとは予想できない。最初に攻撃を受けたグループは、生活水準の低下に直面する。他のすべてのグループに対する攻撃が成功を収めるまで、生計費は下がらないからだ。したがって、攻撃に対して自衛策を講じるのは正当である。また、最初に名目賃金の引き下げを求められた階級は、後にそれに見合って生計費が低下して埋め合わされ、他の階級が利益を得る結果にはならないとの保証は得られない。したがって、できるかぎり抵抗するしかない。徹底した戦いにならざるをえず、経済的にとくに弱い立場の人たちが打ち負かされるまで続くことになる。

こうした事態は、富の生成能力が低下したことに起因する避けがたい結果ではない。経済運営が優れていれば、実質賃金を平均して引き下げなければならない理由は見あたらない。これは誤った通貨政策の帰結なのである。

以上の論点は、金本位制自体に反対する主張ではない。金本位制そのものに関しては別の論点があり、ここでは触れない。以上で論じてきたのは、金本位制の再建にあたって、国内の価格をすべて大幅に調整しなければならなくなる条件を採用した点への批判である。チャーチル財務相が金本位制の再建にあたって、第一次大戦前より低い平価を採用するか、国内の価格が戦前の平価に見合った水準に調整されるまで待っていたのであれば、以上の議論は意味をもたない。しかし、この春の状況でこのような行動をとったことで、財務相は問題を引き起こしたのである。名目賃金とあらゆる価格の引き下げを強いる政策をとり、どのようにして実現するのかについては、何の考えももっていなかったのだから。これほど愚かな政策をとったのはなぜなのか。

おそらく一つには、間違いを避ける直感的な判断力をもっていないからだろう。また、直感的な判断ができないまま、保守的な通貨論の大合唱に圧倒されたのだろう。しかし何よりも重要な点は、専門家の助言が間違っていたために、深刻な誤りに陥ったことだろう。

財務相に助言した専門家は、二つの点で深刻な誤りをおかしたとみられる。第一に、戦前の金平価を回復したときにポンドの価値が不均衡になる度合いの計算を間違えており、その理由は、この問題を判断するには的外れで不適切な物価指数に注目したことにあるのではないかと思う。ポンドの為替相場が高くなったとき、ポンド建て価格が自動的に調整されるかどうかを判断する際には、たとえば、リバプールでの原綿の価格を検討しても、役には立たない。原綿価格は為替相場の変動に従って、かならず自動的に調整されるのであり、なぜなら、輸入原材料の場合、国際間の価格の均衡が、一時間ごとにといえるほどの短時間に、かならず維持されていくからである。しかし、この点を根拠に、港湾労働者や雑役婦の賃金、郵便料金や鉄道運賃などが、為替相場の変動に従って、一時間ごとに自動的に調整されていくと主張するのは適切ではない。だが思うに、財務省の専門家はまさにそう主張したのだ。卸売物価指数をイギリスとアメリカで比較した。ところが、卸売物価指数を構成する品目のうち、少なくとも三分の二は国際的に取引される原材料であり、その価格はかならず、為替相場の変動に従って自動的に調整される。このため、国内物価の不均衡は実際の値の何分の一かに薄められている。そこで財務省の専門家は、調整を必要とする国内外の価格差がおそらく二パーセントか三パーセントだろうと考えた。実際には、十パーセントから十二パーセントであり、生計費指数や賃金指数、輸出物価指数をみれば、この水準であることが分かる。いまの目的でおおまかな指針として使うには、これらの指数の方が、卸売物価指数よりもはるかに優れており、三つの指数が同じ動きを示していればとくにそうだ。

チャーチル財務相に助言した専門家はさらに、国内の価格を全般に引き下げるのが技術的にいかに困難かを誤解し、過小評価したのだとみられる。ポンドの価値を十パーセント切り上げたとき、約十億ポンドを他の人たちから金利生活者階級に移転し、政府債務の実質的な負担を約七億五千万ポンド増やしている（第一次大戦が終わった後、減債基金に苦労して積み上げた金額を事実上、一度に失ったことになる）。これはとんでもないことだが、避けられない結果である。しかし問題がこれだけで終わるのは、国内のすべての支払いを同時に十パーセント引き下げられたときだけである。

これが実現できれば、各々の国民の実質所得は、以前とほぼ変わらなくなる。思うに、財務相に助言した専門家はいまだに、非現実的な学問の世界に安住しているのであり、そこには経済紙誌の編集長、カンリフ委員会や通貨委員会の委員といった人たちばかりが集まっていて、イングランド銀行が「健全な」政策をとれば、必要な「調整」が自動的に進むとされているのである。

その世界で信じられている理論によれば、まず打撃を受けるのは当然ながら輸出産業だから、この産業がまず不況に陥り、必要なら金利を引き上げて信用を引き締めれば、経済全体に均等に、かなり急速に不況が拡散するとされている。しかし、この理論を主張する学者は、不況がどのように拡散するかを普通の言葉で語ってはいない。チャーチル財務相は財務省通貨委員会に、こうした点について助言するよう求めた。予算演説でこう述べている。委員会の報告書は「さまざまな主張を筋の通った形で整理しており、国王陛下の政府を納得させる内容であった」。委員会の主張とされているものはじつのところ、漠然とし、内容の乏しい独白にすぎないものだが、公表されているので、誰でも読むことができる。委員会の報告書には書かれていないが、書くべきだった点は、以下のように表現できる。

名目賃金、生計費、輸出価格は、為替相場が上昇したときに自動的に調整されるわけではありません。ポンドの為替相場はすでに、大臣が再三言明されている通り、金本位制が再建されるとの予想に基づいて、上昇しています。いまでは十パーセントほど高すぎる水準になっています。したがって、この金平価の水準で為替相場を固定する場合、金でみた物価が海外で上昇し、外国人がイギリスの輸出品に対してこれまでより高い価格を支払うようになることに賭けるか、あるいは、名目賃金と生計費が必要な幅で低下するよう強いる政策を採用するか、いずれかにしなければなりません。

当委員会は、後者の政策が容易でないことを警告しておかなければなりません。失業と労働争議を覚悟しておくべきです。一部の意見にあるように、一年前にすでにイギリスの実質賃金が高すぎる状態だったのであれば、問題は一層深刻です。名目ベースでみて必要な賃金引き下げの率がさらに高くなるからです。

金でみた物価が海外で上昇することに賭けたとき、成功する可能性は十分にあります。しかし、確実ではありませんので、もう一つの政策を準備しておくべきです。金本位制は利点がきわめて大きいうえに緊急の課題なので、世論の非難を浴びるリスクを覚悟し、その利点を確保するために厳しい行政手段を発動するのもいとわないのであれば、おそらく、今後の動きは以下のようになるでしょう。

まず、輸出産業が厳しい不況に陥ります。これは良い方向への動きです。賃金を引き下げやすい環境になるからです。生計費が若干下がります。これも良い方向への動きであり、賃金引き下げを主張する根拠になります。とはいえ当初は、生計費は十分には下がりません。そのため、輸出産業が販売価格を十分に引き下げられるようになるのは、外国との競争のない保護産業で賃金が下がってからになります。そして、保護産業の賃金は、非保護産業で失業が発生しているという理由だけで下がるわけではありません。したがって、保護産業でも失業が発生するようにしなければなりません。そのための手段は、信用の引き締めです。イングランド銀行が信用を引き締めれば、賃金が実際に下がるまで、失業を意図的に増やすことができます。賃金が実際に下がれば、生計費も下がり、好運であれば、出発点に戻ることができます。

これはおそらく、委員会に与えられた任務を少し逸脱することでしょうが、警告をしておくべきだと考える点があります。すなわち、賃金を引き下げるために、意図的に失業を増やしていることを認めるのは、政治的に安全ではないでしょう。そのため、経済の苦境の原因として、考えられるかぎりの点をあげる一方、本当の理由だけはあげないようにすべきです。当委員会の予想では、ほぼ二年が経過すれば、公の場で真実を語っても安全になるでしょう。そのころには大臣の職を離れておられるか、調整が何らかの形で終わっているでしょうから。

Ⅱ　貿易収支とイングランド銀行

ポンド高のために、輸入品、輸出品ともにポンド建ての価格が低下する。その結果、輸入が促され、輸出が抑えられるので、貿易収支が悪化する。この段階で、イングランド銀行が注目するようになる。何もしなければ、貿易赤字分を金で支払わなければならなくなるからだ。このため、イングランド銀行は二つの効果的な対策をとってきた。第一に、イギリスが通常行っている海外への貸し付けを制限するために、まず外国債券の発行を禁止し、最近では植民地債券の発行も禁止した。第二に、アメリカがイギリスに資金を貸すよう促すために、ロンドン市場の短期金利をニューヨーク市場の水準より一パーセント高くする前例のない政策をとった。

この二つの方法が国際収支の均衡に効果的であることは、疑問の余地がない。かなりの期間にわたって効力を維持すると思われる。出発点には、イギリスはかなりの余裕があったからだ。第一次大戦の前には、商務省によれば、年間に一億八千百万ポンドを海外に貸し付ける力をもっていた。これは現在の物価水準では二億八千万ポンドにあたる。一九二三年にすら、商務省の推計では一億二百万ポンドの貸し付け能力があった。新たな対外投資はすぐにはリターンを生まないので、輸出が年に一億ポンド減少しても、対外投資を同じ額だけ減らせば、イギリスの支払い能力に問題は生じないといえる。金本位制の維持という観点では、一億ポンド相当の対外投資削減と、輸出額で一億ポンド相当の失業との間には、何の違いもない。これまで輸出産業で働いていた労働者が失業しても、国際収支は完全に均衡を維持でき、イングランド銀行にとって金が流出するリスクはない。ただしそのためには、これまで輸出を行うことで資金を確保していた対外投資が、同じ程度減少するようにしなければならない。それに、イギリスはいまでも借り手としての信用がきわめて高い。金利を十分に高く設定すれば、貿易赤字の穴埋めができるだけでなく、週報で胸を張って発表したい量の金を借りることもできる。

商務相の試算によれば、一九二五年五月までの一年間に、貿易収支は赤字ではなく、ほぼ均衡していた。これが正しければ、現時点ではかなりの貿易赤字になっているはずである。それに、対外投資の禁止は、部分的にしか成功していない。外国債券の発行をあらゆる種類にわたって禁止することはできないし、イギリスの投資家がニューヨークで直接に証券を購入するのを妨げることもできない。そこでイングランド銀行は、もう一つの手段を使っている。ロンドン市場の割引率をニューヨーク市場の割引率より十分に高く維持することで、ニューヨーク短期金融市場がロンドン短期金融市場に資金を貸し付け、貿易赤字を穴埋めするとともに、イギリスの投資家が禁止措置にもかかわらず行っている対外投資の資金を確保できるようにした。ただし、金利を引き上げてニューヨーク市場から短期資金を引きつけるようになると、借り入れを増やす必要がなくなっても、それまでに借り入れた資金を引き止めておくために、金利を高めに維持しなければならなくなる。

とはいえ、ニューヨークからの資金を引きつけ、引き止められる水準にロンドンの短期金利を設定する政策は、重要な点で、フランスの政策と変わらない。フランスがJ・P・モルガンから借り入れた資金で為替相場を維持していると、イギリスはこれまでさかんに非難してきたのだが。イギリスの政策がフランスの政策とは違うといえるのは、金利の引き上げがアメリカの資金を引きつけるためだけではなく、国内の信用を引き締めるための手段でもある場合だけである。この側面について、つぎに検討しなければならない。

債権国から債務国に転落して失業分を穴埋めするというのは、悲惨な政策だといえるはずだし、イングランド銀行の首脳も間違いなく同意見だと思う。外国債券発行の禁止を嫌っているし、ニューヨークから短期資金を引きつけなければならないことを嫌っている。嫌う政策をとっているのは、一息つける余裕を確保するためなのだろう。しかし、原則を貫くのであれば、この余裕を使って、「基礎的な調整」と婉曲的に表現されている点を実現しなければならない。この目的を考えれば、イングランド銀行がみずからの権限で行えることは一つしかない。信用の引き締めである。これが現在の環境では、金本位制のもとでの正統的な政策である。貿易収支の赤字は国内物価が高すぎることを示しており、物価を引き下げるためには、金利を引き上げ、信用を引き締めるしかない。この薬が効果を発揮すれば、対外投資を制限する必要も、海外から資金を借り入れる必要もなくなる。

この点を普通の言葉で表現するとどうなるのか。問題は、名目賃金を引き下げ、それによって生計費を引き下げて、この過程が終わった段階には、実質賃金が以前と同じか、それに近い水準まで回復するようにすることである。では、信用引き締めがどのような効果を発揮して、この結果が得られるのだろうか。

失業を意識的に増やすこと以外に、方法はないのである。この場合、信用引き締めの目標は、雇用主から、現在の物価と賃金の水準で労働者を雇うために必要な資金を引き揚げることである。この政策が目的を達成できるのは、失業を無制限に深刻化させ、労働者が厳しい現実から圧力を受けて、望ましい水準までの名目賃金の引き下げを受け入れるようになるまでそれを続けたときだけである。

これがいわゆる「健全な」政策である。この政策が必要になったのは、ポンドを高すぎる金平価で固定する無分別な政策をとったためであり、ポンドの価値はイギリスの労働賃金でみて、そこまでの水準には達していなかったのである。とはいえ、この政策は思いやりがあるか賢明な人なら、実行をためらうはずである。わたしがみるかぎり、イングランド銀行総裁は実行をためらっている。しかし、船が燃え、海に飛びこんでなす術がない状態で、何をすればいいのか。現時点では、妥協しているようだ。しぶしぶと「健全な」政策を実行している。事態を正しく表現することは避けている。そして、何かが起こって状況が変わるのを期待しており、総裁にとってはこれが一縷《いちる》の望みになっている。

イングランド銀行は秘密主義が徹底していて、重要な統計の多くを公表していないので、どのような政策行動をとっているのかを正確につかむのは、つねに容易ではない。信用引き締めはいくつかの方法ですでに実行されており、それぞれの方法は半ば独立している。第一に、債券発行の禁止があり、これによっておそらく、通貨の流通速度が通常より低下している。第二に、一九二五年三月には公定歩合を引き上げた。第三に、市場金利を高めに誘導して、公定歩合に近づけている。最後に、何よりも重要な方法として、資産と負債を調節し、決済銀行が信用の基礎として使える現金の量を減らしている。この最後の点は、信用引き締めにあたって決定的な手段である。この点を直接に示す情報はないので、信用引き締めの程度を示す最善の指標として、決済銀行の預金量をみるしかない。預金量が減少傾向を示している点から、信用がかなりの程度引き締められていることが分かる。しかし、季節的な変動があり、六月末の数値はかなり人為的なものなので、過去三か月に信用がどこまで引き締められているかを正確に推定することはまだできない。いまの段階でいえるのは、直接の引き締めの程度がまだ、それほど大幅になっていないことだけである。現在の政策を続けた場合、どこまでの引き締めが必要になるかは、誰にも分からない。

とはいえ、この限定的な引き締めすら、最近の失業の深刻化をもたらしている要因のうち、かなりの部分を占めていると思われる。信用引き締めは信じがたいほど強力な手段であり、小幅であっても大きな影響を与える。現在のように、逆の政策が必要な状況ではとくにそうだ。意図的に失業を増やして賃金の引き下げを図る政策は、すでに一部実行に移されている。現状が悲劇的なのは、誤った政策が公式に採用されていて、その政策からはいまの方針が理論的に正当であることだ。ボールドウィン首相が、確かに誠実ではあるが感傷的な演説を行っても、どの産業の労働者も賃金引き下げにすぐに応じることはない。賃金の引き下げには、失業とストライキとロックアウトの圧力が必要である。そして、確かに賃金が引き下げられるように、失業を意図的に激化させる政策がとられているのである。

イングランド銀行は、金本位制というゲームのルールによって、信用の引き締めを余儀なくされている。信用引き締めは、誠実で「健全な」行動なのである。しかしだからといって、イギリスの現状で信用を引き締めることによって（イングランド銀行が信用を引き締めていることは、誰も否定しないだろう)、失業がかならず激化する事実が変わるわけではない。現在、繁栄を回復するために必要なのは、信用の緩和である。経営者が新規事業に乗り出すよう促す必要があるのであって、新規事業を抑える現在の政策は好ましくない。デフレは、賃金の「自動的な」低下をもたらすわけではない。失業を増やすことで、賃金低下をもたらすのである。利上げという手段は、景気過熱を初期の段階で抑えるために使うべきものだ。その利上げを、こともあろうに不況を加速するために使うというのだ。そのような政策に導く信念をもつものがいるのである。

石炭産業を、現在の金融政策で犠牲になっている産業の代表として取り上げるべきだろう。もちろん、石炭産業がみるからに悲惨な状況に陥っているのは、そもそも問題を抱えていて抵抗力が落ちていたからであり、新たな逆境に耐えられるだけの力が残っていなかったからである。これは確かな事実だ。

現在の状況で、炭鉱の所有者は生計費の動向にかかわらず賃金を引き下げて問題を解決するよう提案している。つまり、炭鉱労働者の生活水準を引き下げるよう提案しているわけだ。炭鉱労働者は、自分たちには何の責任もなく、管理のしようのない状況に対応するために、犠牲を払うよう求められている。

これが誰の目にも合理的な提案だと思えるのだから、イギリスの経済運営の方法には重大な欠陥があるといえる。もっとも炭鉱所有者が損失を被るべきだというのも、リスクを負うのは資本家だという原則のもとでそう主張する場合を除けば、やはり同じように非合理的である。炭鉱所有者が自由に他の産業に事業を転換できるのであれば、そして炭鉱労働者が失業するか賃金が低すぎる場合に、パン職人や煉瓦工や鉄道駅の赤帽として働くことにし、これら産業でいま働いている人より安い賃金を受け入れて職を確保できるのであれば、事情は違う。だが周知のように、そうはなっていない。過去に起こった経済変化の犠牲者がそうであったように、炭鉱労働者は飢え死にするか屈服するかの選択を迫られているのであり、屈服すれば、他の階級がその成果を獲得するのである。しかし、産業間で実質的な労働移動がなくなり、産業間の競争で賃金水準が決まる状況ではなくなった点を考えれば、炭鉱労働者がある意味で祖父の世代より悪い状況におかれていないとは、断言できないように思う。

炭鉱労働者はなぜ、他の産業の労働者より低い生活水準に甘んじなければならないのか。炭鉱労働者は怠惰で、役立たずであり、しっかりと働いていないし、労働時間も短すぎるのかもしれない。だが、他の人たちとくらべて、怠惰で役立たずだといえる証拠がはたしてあるのだろうか。

社会的な公正という観点からは、炭鉱労働者の賃金引き下げが正当だとする根拠はない。炭鉱労働者は経済の巨大な力の犠牲になっているのだ。財務省とイングランド銀行が、一ポンド四・四〇ドルと四・八六ドルの「小幅な差」を埋めるようせっつく金融業界の大物を満足させようとして、「基礎的な調整」を仕組んだことで、炭鉱労働者が人身御供になっているのである。金本位制を安定させるために今後も必要だとされている「若干の犠牲」とはまさに、炭鉱労働者を意味している(そして今後、他の産業の労働者が加わることになる)。炭鉱労働者の苦境は、チャーチル財務相の経済的帰結のうち、最初のものであり、よほどの好運に恵まれないかぎり、最後のものにはならないだろう。

じつのところ、ここで述べているのは、経済に関する二つの理論のうち、中間の立場からのものである。一つの理論では、賃金は階級間の「公正さ」と「適切さ」の観点から設定されるべきだとされている。もう一つの理論、経済の巨大な力の理論では、賃金は経済的な圧力によって、つまり「厳しい現実」によって決まるべきだとされており、経済という巨大な機械は進路にあるものを踏みつぶしながら前進し、その際には全体的な均衡だけを考慮するのであって、個々の集団に偶然、何が起こるかには注意を払わないとされている。

金本位制は、まったくの偶然に依存し、「自動的な調整」を信頼し、社会に及ぼす影響の細部には全般に無関心な点で、経済という機械の最上部に位置する人たちにとって、なくてはならない旗印であり偶像である。思うに、無関心さという点で、そして、ほんとうに深刻な問題が起こるはずがないという漠然とした楽観論と都合のいい信念という点で、何とも軽率であったのだ。確かに、十回のうち九回には、ほんとうに深刻な問題は起こらない。一部の個人や集団が少し苦しくなるだけである。しかし、自由放任と自由競争の仮説に基づいて構築された経済学の原則を、これらの仮説を急速に捨て去っている社会に適用しつづけていると、十回目にぶちあたるリスクがある（そのうえ、愚かでもある）。

Ⅲ　解決策はあるのか

一九二五年の予算演説で発表された通貨政策こそが産業界の苦境をもたらしている真因なので、この政策を逆転させること以外には、ほんとうに満足できる解決策は推奨できない。とはいえ、いまでも政府が使える選択肢のなかにも、良い政策と悪い政策がある。

一つは、いわゆる「健全な」政策を徹底して追求する道である。「基礎的な調整」を正統的な方法で実現することを目標に、信用をさらに引き締め、必要ならこの秋に公定歩合を引き上げて失業をさらに増やすなど、使える手段をすべて使って名目賃金の低下を強いていく。そして、この過程が終われば、生計費も低下し、実質賃金が当初の水準に戻るとの見方を信頼するのである。この政策を徹底して実行できれば、ある意味で成功するだろうが、強い集団が弱い集団を犠牲にして利益を得ることになるので、変化は不平等になり、大きな不正を残すことになろう。経済的な圧力を使う方法では、体力が弱い産業をとくに圧迫することになり、こうした産業では賃金がもともと比較的低いので、産業間の既存の賃金格差がさらに拡大することになろう。

問題は、この政策の実行を、世論がどこまで許容するのかである。政府の立場で、失業を意図的に激化させている事実を認めるのは、政治的に不可能だろう。通貨委員会の委員は、意図的に激化させるのが正しいとする根拠を示すだろうが、公の場で主張するわけにはいかない。一方、デフレであれば、気づかれない間に同じ効果を生み出せる。デフレは当初はごく小幅であっても、いったんはじまれば累積的に激しくなっていく。経済界に悲観的な見方が広まれば、そのために通貨の流通速度が低下し、イングランド銀行が公定歩合の引き上げや預金の削減といった動きをとるまでもなく、デフレが大幅に進行しうる。国民にとってはつねに、一般的な原因よりも具体的な原因の方が理解しやすいので、不況の原因だとされるものは、不況に伴う労働争議や、ドイツの賠償義務を軽減したドーズ案、中国情勢、第一次大戦の打撃、関税、増税などなどであって、全体の動きの発端になった一般的な通貨政策に目が向けられることはないだろう。

さらに、この道であれば、明確な形で追求する必要がない。イングランド銀行が秘密裏に信用を引き締められるのであれば、ボールドウィン首相は社会的な博愛の観点から、その影響を相殺するために、理屈に合わない補助金をいくつも設ける必要があるかどうか、曖昧な言辞を弄していくことができる（首相はいまや、国民の敬愛の対象になり、以前にビクトリア女王が占めていた位置を受け継ぐようになっている)。ボールドウィン女王の思いやりによって、国民は苦境に耐えることができ、その間に舞台裏で容易ならぬ政策を実行していけるというわけだ。財政の状態を考えれば、まともな効果があるほど大規模な補助金を支給するのは不可能である。そして結局のところ、社会の大激変がないかぎり、「基礎的な調整」がしっかりと進行していく。

以上の見通しを冷静に考えられる人もいるだろう。わたしにはできない。その間に社会全体の所得が大きく失われる。調整が終わった段階には、社会にかなりの不公正が残る。一縷の望みは、予想が可能なことがほとんどないこの世界で、何かが起こることである。そこで、以下の代替案を提示する。何かが起こるよう促すことはできないものだろうか。

現状には二つだけ、イギリス経済に利点になるように変えられる特徴がある。第一は金融面であり、金の価値が国外で低下すれば、国内の賃金水準を大きく変える必要はなくなる。第二は産業面であり、まずはじめに生計費が下がれば、労働者に賃金の引き下げを求めるときに良心の痛みを感じることはなくなる。その場合には、賃金引き下げが実質賃金を引き下げる策略の一部ではないことが明確になるからだ。

金本位制への復帰がはじめて発表されたとき、アメリカでの物価上昇に賭けることになるという点で、識者の多くの意見が一致していた。いまのところ、アメリカの物価は上昇していない(3)。さらに、イングランド銀行の政策は、アメリカの物価上昇ではなく、物価安定を支えるものになっている。アメリカの銀行がロンドンで資金を貸し付けて高い金利を得られることから、ニューヨーク市場での金利は本来より高めに維持されることになり、また、世界市場で余剰になっている金がニューヨークではなく、ロンドンに引き寄せられている。このため、イギリスの政策によって、ニューヨークで低金利と金流入の圧力が軽減されている。本来ならこの圧力で、アメリカの物価が押し上げられるはずであった。ロンドンとニューヨークで短期金利に異常な開きがあるために、金本位制が本来の機能を発揮できなくなっているのである。正統的な理論によれば、物価がA国で高すぎ、B国で低すぎる場合、金がA国からB国に流れて、A国では物価が低下し、B国では物価が上昇して、A国の物価下落の途中で、上昇してきたB国の物価水準に等しくなる。

(注3) アメリカで物価が上昇するとの期待をいまの段階で放棄する必要はないと思う。アメリカでは物価は下落傾向ではなく、上昇傾向にある。インフレの可能性が潜在していて、マッ

チがあれば火がつく状況にある。この可能性があるので、悲観論が行きすぎないよう注意すべきだ。

現状では、イングランド銀行の政策のために、この動きが抑えられている。したがって、政策を反転するよう提案したい。公定歩合を引き下げ、信用の引き締めを止めるのである。その結果、ロンドンの短期金融市場でいま嫌われているアメリカの「有害な」資金が引き揚げられていった場合、金で返済するか、必要なら、ニューヨーク市場で財務省とイングランド銀行が取り決めたドルの信用枠を使うべきだ。金で支払う方が良い。その方がコストが低いし、金が現送される方が、アメリカの物価水準に対する影響が大きいからである。金準備の規則を変更し、金準備の四分の三を使えなくしている状態を改めれば、金が六千万ポンドか七千万ポンド流出しても問題ではなくなり、これだけの金が流出すれば、海外のどこかで状況が大きく変わる。四・五パーセントの金利を支払って、アメリカからいつでも逃げ出せる短期資金を借り入れ、この資金で金を買ってしまいこみ、遊ばせておくのは、何とも無駄である。

金がこれほどの規模で流出するのは、イングランド銀行が同時に信用引き締めを放棄し、金を他の資産、たとえば財務省短期証券に入れ替えるときだけである。いいかえれば、イングランド銀行は、経済的圧力と意図的な失業の深刻化によって「基礎的な調整」を試みる政策を放棄しなければならない。したがって、この政策は、単独でみた場合、アメリカでの物価上昇予想に期待しすぎているとの批判を受けるかもしれない。

そこで、もう一つの方法を組み合わせるよう提案したい。ボールドウィン首相は事実を率直に、真摯《しんし》に認めて、以下の方針で労働組合指導者と協力するべきである。現在の賃金引き下げの動きが通貨価値とは無関係であるかのように装う姿勢を閣僚が続けているかぎり、労働者階級がこの動きを実質賃金に対する一斉攻撃だととらえるのは当然である。財務相がいうように、通貨政策は現在の苦境に、メキシコ湾流と変わらないほどの影響しか与えていないのであれば、賃金引き下げを求める声高の主張は、労働者階級の生活水準を引き下げようとする動きにほかならない。政府は、この小論で示した診断の正しさを認めてはじめて、労働組合の指導者に対して、公正で適切な条件で協力するよう求められるようになる。

問題が主に通貨にあることを認めれば、政府は労働者につぎのように語れるようになる。「実質賃金を引き下げようとしているのではない。政府はポンドの価値を十パーセント切り上げた。これは、名目賃金が十パーセント下がらなければならないことを意味する。しかし同時に、調整が終われば、生計費が約十パーセント下がることも意味している。そうなれば、実質賃金が大幅に下がることはない。ところで、名目賃金を低下させる方法は二つある。第一の方法は経済的な圧力を使い、信用の引き締めによって失業を深刻化させ、賃金が下がるまでそれを続けるものだ。これは不快で悲惨な方法である。なぜなら、強い集団と弱い集団の間で影響が不均等になるし、この方法が使われている間、経済的、社会的な損失が発生するからだ。これに代わる第二の方法は、合意によって賃金を一律に引き下げるものである。長期的にみて、今年の第一・四半期の水準より平均実質賃金が低下することを意味してはならないという了解に基づくものである。現実の問題として困難なのは、名目賃金と生計費が関連し合っているからだ。生計費が下がるのは、名目賃金が下がった後になる。名目賃金がまず下がらなければ、生計費は下がりえない。そこで、以下の点で合意できないだろうか。当初に、名目賃金をすべての産業にわたって、政府と地方自治体の職員も含めて、たとえば五パーセント、一律に引き下げる。ただし、一定期間が経過した後に、生計費の低下によって埋め合わされないかぎり、この賃金引き下げは効力を失う」

ボールドウィン首相がこう提案した場合、労働組合指導者はおそらく、賃金以外の支払い、つまり、不動産賃貸料や利益、金利をどうするのかと、すぐに質問するだろう。不動産賃貸料と利益については、金額が固定されているわけではないので、物価の下落に合わせて、金額でみて下がっていくと答えることができる。この答えで最悪の点は、不動産賃貸料と利益が賃金と同じように硬直的で、調整を促進するほど素早くは下がらない可能性があることだ。しかし金利について、とくに国債の利払いについては、答える術がない。物価を下落させる政策は基本的に、金利を受け取る層が利益を得て、それ以外の層が損失を被る性格をもっているからである。デフレのこの帰結は、金銭契約の制度に深く組み込まれている。労働者の反対にどう答えるかを考えると、一つだけ、荒っぽくはあるが使える方法がある。賃金以外のすべての収入を対象に、所得税に五パーセントの付加税を課し、実質賃金が以前の水準を回復するまで続ける方法である。[4]

（注4）これによっても、物価が長期的に上昇に転じなかった場合に、債券保有者が長期的にみて利益を得るのを防ぐことはできない。だが、債券保有者に利益や損失が発生するのは、通

貨基準が不安定な制度のもとでは避けられない結果である。しかし、物価は長期的にみて一般に上昇するので、債券保有者は長期的に、この制度で利益を得るのではなく、損失を被っている。

自主的な一律賃下げの提案が、理論的には健全であっても、現実的には実行が難しいと思えるのであれば、海外での物価を引き上げる試みにすべてを賭けたいと考える。つまり、イングランド銀行の現在の政策を逆転させることである。マンスリー・レビュー誌七月号によれば、ミッドランド銀行の首脳も同じ提案を行っている。

以上の案のどれを実行しようとしても、深刻な困難にぶつかるのは避けがたい。政府が採用したように、通貨の価値を意図的に変えようとする計画は、近代の経済環境のもとではかならず、正義と効果の点で反対される。以上で提案したのは、間違った政策の厳しい帰結を和らげる方法だが、間違いを是正することはできない。また、名目賃金ではなく、実質賃金の水準こそが引き下げの対象にならなければならないと考える悲観論者には、魅力がないだろう。これらの案に触れたのは、本来なら信用を緩和すべき時期に逆に引き締めることで、意図的に失業を深刻化させ、経済的な必要という武器を使って、個人と特定の産業に対して調整を強いる政策は、何が実際に行われているかが分かれば、国民が決して許さないものだからである。

＊『チャーチル財務相の経済的帰結』（一九二五年）より

関税による経済対策(1)

（注1）金本位制崩壊の何か月か前、イギリスが陥っている深刻な問題を緩和するために特別な手段をとらないかぎり、金本位制の崩壊が避けがたいことが明らかになってきていた。わたしは窮余の策として、いくつかの提案を行った。その一つが収入関税であり、可能であれば輸出奨励金と組み合わせるよう提案した。スノーデン財務相は人並み以上に無知で強情であり、あらゆる代案に反対しつづけていたが、最後には自然の力がはたらいて、イギリスは悲惨な状況から抜け出すことができた。

一　収入関税の提案（一九三一年三月七日）

現状は何とも奇妙で理解しづらいと思わないだろうか。一方では、イギリスは対外投資と国内の設備投資を続けて資本資産を増やしつづけることができているし、国民のほとんどは生活水準を維持できるか引き上げられており、しかも同時に、大量の失業者の生活を支えるために、世界のほとんどの地域でまともに職についている人の所得よりも多い失業手当が支給されている。ところが他方では、国内の工場のうち四分の一が操業を停止し、工業労働者のうち、四分の一が失業しているのである。イギリスの富の生産能力が以前よりはるかに拡大していなければ、こうした現象は奇妙だというに止まらず、ありえなかったはずである。富の生産能力は確かに拡大しているのである。これは主に三つの要因によるものである。第一に、産業の技術的な効率性が向上しつづけている（一人当たり生産量は、ごく最近の一九二四年と比較しても、十パーセント増加したとみられる）。第二に、女性労働者の経済的な生産量が増加した。第三に、人口全体に占める生産年齢人口の比率が上昇した。輸入物価が輸出物価と比較して低下したことも、一因になっている。この結果、鉱工業の生産能力の四分の三を使うだけで、何年か前に生産能力をすべて使った場合より多くの富を生産できるようになっているのである。しかし、いま、生産能力の四分の四を使えるようにする方法が見つかれば、イギリスはどれほど豊かになっているだろうか。

つまり、いまぶつかっている問題は、生活水準を高く維持するのに必要な物理的な手段が欠けていることではない。経済の組織と売買の仕組みが故障していることなのである。

この故障に対する反応は二つある。各人はそれぞれの気質に合わせて、この二つのうちどちらかの反応を示している。第一は、遊休の生産能力が使われるようにして生活水準を維持しようという反応であり、いいかえれば、恐れを払拭して、分別すらもかなぐりすてて、経済を拡大しようという反応である。第二の反応は、引き締めようという本能であり、恐れの心理に基づいている。恐れを抱くのは、どこまで合理的だといえるのだろうか。

いまの社会では、適正な利益を確保できるか、少なくとも損失を回避できるという個々の企業家の期待に生産活動が依存している。企業家が生産の誘因として求める利益は、生産物全体の価値のうち、ごく小さな比率を占めるにすぎない場合もあろう。しかし、この利益を確保できると期待できなくなれば、生産の全体が止まる。そしていま起こっているのは、まさにこういう事態なのである。コストと比較して販売価格が大きく下落し、増税の心理的な影響が加わって、生産に必要な誘因が破壊されている。ここに、現在の混乱の根本原因がある。したがって、企業家を一層怖がらせたり、さらに苦しめたりするのは賢明ではない。経済拡大政策をとると、そういう結果になりやすい。個人が収入に見合わない生活をしたときに緊縮が賢明なのは確かなので、この点から間違った類推を行って、企業家は、神経がすり減ったときにはとくに、最終的には自分たちに不利になるのに、緊縮政策を支持するのが普通だからだ。

神経質になる理由はさらにある。国際収支が不安定なことからも、打撃を受けているのである。とりわけ、イギリスは生活水準が高いために、輸出産業の競争力が低下している。同時に、国内事業で利益を確保できないことから、投資家は資金を海外に投資しようとする。さらに税率が高いことでも同じ方向の悪影響がでている。そして何よりも、他の債権国が貸し出しに消極的になっているため(これが世界的な不況の根本原因である)、ロンドン市場にかかる金融上の負担が重すぎる状況になっている。この点も一見、拡大政策に反対する根拠になっている。雇用が増えて国内の経済活動が活発になれば、イギリスの貿易赤字が拡大し、現在の市場心理では、政府が借り入れを行えば投資家が不安を募らせるとみられるからである。

経済拡大の政策をとれば、直接の影響として、政府が借り入れを行い、財政にある程度の負担がかかり、貿易赤字が増えることになる。そこで、この政策に反対する人たちは指摘する。どの点でも、信認の欠如がさらに深刻化し、税負担が重くなり、国際収支がさらに不安定になり、現在の苦境の原因になっている三つの要因がいずれも悪化すると。

ここで、拡大政策に反対する人たちは二つに分かれる。一方には、拡大政策をすべて先送りにするに止まらず、緊縮政策をとるべきだとする主張がある。つまり、賃金を引き下げ、既存の財政支出を大幅に切り詰めるべきだという主張である。もう一方には、どちらの政策にも消極的な姿勢をとり、スノーデン財務相が典型だが、この意味での緊縮政策を、拡大政策と変わらないほど嫌う見方がある。

しかし、現状維持の消極的政策はじつのところ、もっとも危険である。時間が経過するほど、現在の生活水準を支えられるかどうか、疑わしくなっていくからである。失業者が百万人なら、確かに支えられる。二百万人でも、おそらく支えられる。しかし三百万人になれば、おそらく支えられない。したがって、消極的な政策を続けていれば、失業者が増えつづけるのを放置することになり、最終的には否応なしに国民の生活水準を引き下げる必要に迫られる。長期にわたって何の政策もとらない状況を続けていれば、結局はそれ以外に方法がなくなるのである。

繰り返しになるが、失業が蔓延しているのは、雇用主が利益を確保できないからだ。利益が確保できない原因はさまざまある。しかし、共産主義に移行するのでないかぎり、失業問題を解決するには、雇用主が適切な利益を確保できるようにする以外に方法はない。その方法は二つある。第一は生産物に対する需要を増やす方法であり、これが拡大政策である。第二は生産コストを引き下げる方法であり、これが緊縮政策である。どちらの政策も、まさに問題の根本に切り込もうとしている。どちらが好ましいのだろうか。

賃金を引き下げ、財政支出を削減して生産コストを引き下げれば、確かにイギリスの商品に対する海外の需要が増えるだろう（海外諸国でも同様の緊縮政策をとるよう促さなければという条件がつくが、実際には促す可能性がきわめて高い）。しかし、内需はおそらく減少する。したがって、雇用主にとって、賃金の全般的引き下げの利点は、見かけほど大きくはない。雇用主はそれぞれ、自社の賃金を引き下げたときの利点に注目するが、顧客の所得低下による影響と、競争相手の賃金引き下げによる影響を見逃すのである。そしていずれにせよ、緊縮政策をとれば社会的な不公正が生まれ、激しい抵抗が起こるはずである。ある種の所得階層にとって大きな利益になり、他の階層が犠牲になるからである。これらの理由で、まともな成果があがるほど劇的な緊縮政策を実行しようとするのは、現実的でないとみられる。

しかし、拡大政策に反対する根拠になっている点、つまり、国際収支の不安定さ、財政状態、信認の欠如という問題を以上の論拠で片付けることはできない。二年前であれば、恐れる理由はなかった。いまでは状況が違っている。つんとすましたペンギンが怯えて、金の卵をはらんだままイギリスの海岸から逃げ出すような状況を作るのは、賢明ではないだろう。まともな成果があがるほど劇的な拡大政策をとれば、金本位制を維持できなくなる可能性がある。それだけでなく、二年前には問題は主に国内にあった。いまでは、主に国際的な問題になっている。一国で対策をとっても、それだけで適切にはなりえない。国際的な対策が不可欠である。そして、国際的な不況への対策では、わたしは、イギリスが指導力を発揮することにもっとも期待をかけている。しかし指導力を回復するには、イギリスは強くなければならず、強いと確信されていなければならない。したがって、ロンドン市場に対する信認を完全に回復することが何よりも重要である。回復が難しいとは思わない。ロンドン市場の真の強さは現在、海外で過小評価されており、この見方が突然に反転してもおかしくない状況になっているからだ。以上の理由で、わたしは金本位制に反対し、最悪の事態になるというカッサンドラのような予言が不幸にも半ば適中したと主張できる立場から、現在の為替相場を断固として守り抜き、それによって何よりも、世界金融の指導者の地位を回復し、弱い立場からではなく、誰がみても強い立場から発言できるようにすべきだと主張したい。この地位は現在、空位になっており、他国はいずれも、この地位を占めるだけの経験も公共の精神ももっていないのである。

したがって、国内の雇用を増やすために拡大政策を主張するのであれば、よく考えてみる必要があるといえる。そこでわたしはよくよく考えてみた。以下がその結論である。

拡大政策は好ましくはあるが、その危険を相殺するために他の手段をとらないかぎり、現時点では安全ではないし、現実的でもない。どのような危険があるかを再確認しておこう。貿易収支への負担、財政への負担、信認への打撃の三点である。拡大政策を実行した結果、いずれ、企業利益の水準が大きく上昇し、雇用者数が大きく増加して政策の正しさが証明されれば、財政と信認に与える効果はネットでみてプラスになるだろうし、おそらくは大幅なプラスになる。しかし、当初の効果は違っているともみられる。

この危険を相殺するために、どのような手段があるのだろうか。失業手当の深刻な乱用を防ぐための改革と、社会福祉予算の新規計上を一時的にすべて先送りして拡大政策に使える資金を確保する政策は推奨できるし、どちらも実行すべきである。しかし現在、保護主義に対する見方がどうであろうと、賢明な財務相ならとらざるをえないと思える最大の政策は、大幅な収入関税の導入である。確かだといえるのは、ただちにあらわれる結果がすべて好ましく、適切なものになる手段が他にないことである。ここで考えているのは、差別的な保護関税ではない。できるかぎり幅広い品目を対象に一律の関税をかけるか、そうでなければ、関税を二段階に分けて、それぞれの適用範囲を幅広くとる方法である。輸入原材料を使って生産した商品を輸出する際には、戻し税を認めるが、羊毛や綿花など、輸出品の価値のうち重要な部分を占める原材料については、当初から関税を免除する。この政策で目標とする財政収入はかなりの額にすべきであり、少なくとも五千万ポンド以上、可能なら七千五百万ポンドにするべきだ。そこでたとえば、製品と半製品には一律十五パーセント、食料と一部の原材料には五パーセントの関税をかけ、残りの原材料は免税とする。(2) この関税が生計費に与える影響はごく小さく、毎月の変動の範囲内に収まると断言できる。それに、失業問題の解決を目指す対策は考えうる範囲ですべて、物価の上昇をもたらすし、それどころか、物価引き上げを意図することになる。同様に、輸出品の生産コストに与える影響も、単純な方法で算出した広範囲な戻し税を使えば、ごく小幅に止まる。自由貿易派はこの決定を黙認するにあたって、世界の物価が一九二九年の水準に回復した段階で、この関税を撤廃すると宣言するべきだ。

（注2）わたしは後に発表した記事で、ここにあげた関税率でこれほどの財政収入を確保できると考えるべきではなく、この関税率で確保できるのは四千万ポンドとみるのが安全だと認めている。

他の可能な代案と比較したとき、この手段に特徴的なのは、財政の緊急の問題を緩和できると同時に、企業の信認を回復できる点である。現時点では、収入関税に頼らないかぎり、賢明で慎重な予算を編成できるとは思えない。しかしこの点が唯一の利点だというわけではない。これまでの輸入品が国産品に代替されるようになれば、その分、国内の雇用が増える。同時に、貿易収支への圧力が緩和され、拡大政策で必要になる輸入の増加を吸収する余地ができ、苦境に陥っている債務国にロンドン市場が資金を貸し出す余地ができる。こうして、ある種の輸入を抑制することで他国の購買力を減らすが、別の方法でそれを回復することになる。狂信的な自由貿易主義者の一部は、輸入関税が輸出に悪影響を与えて、関税の効果がすべて相殺されると主張するともみられるが、そうはならないだろう。

自由貿易主義者はその信念に従って、収入関税は非常用食糧のようなものであって、非常事態に一度しか利用できないものだと考えるだろう。だが、いまはまさに非常事態なのである。収入関税によって一息つける余地を作り、金融上の強さを確保すれば、国内と国際の両面で政策と計画を立案し、緊縮主義と恐れの精神に反撃できるようになるだろう。

一方、自由貿易主義者がこの便法を拒否した場合には、現政権は倒れ、信認の危機の混乱のなかで、完全な保護主義政策を主張する政権が誕生することになろう。

＊ニュー・ステーツマン・アンド・ネーション誌一九三一年三月七日号

二　金本位制停止の前夜に（一九三一年九月十日）

イギリスの道徳的なエネルギーがいま、間違った方向に向けられている。現在ぶつかっている問題の真の性格を分析することに頭を使って、もっとしっかりした結論を得なければ、深刻な事態になるだろう。

国も地方も個人も、「節約」という考えだけに固執しており、支出の削減という後ろ向きの行動にこだわっている。生産活動を刺激し、稼働させている支出を減らそうというのだ。義務感にかられて節約が極端になれば、その影響が大きくなり、イギリスの社会制度全体を揺るがすほどになりかねない。

節約報告書に掲げられた節約計画の項目をみていくと、一般論として賢明かどうかは別にして、失業の増加、企業利益の低下、財政収入の減少をもたらすのは確かだといえないものはほとんどない。このためわたしの試算では、一億ポンドを節約しても、財政赤字の減少幅が五千万ポンドを上回らない可能性が高い。海外の金融家のために財政収支を均衡させるふりをすることが真の目的であれば別だが、報告書で議論されている節約を行ったときに、支援を必要とする失業者の数が増えることはなく、税収が減少することもないと考えるのであれば、真実から目をそむけることになる。

あらゆる種類の「節約」を論理的に当然の帰結だといえるところまで推し進めていけば、財政収支は収入も支出もゼロになって均衡することになり、国民はみな、節約のために他人からものやサービスを買うのを拒否し、ベッドに伏して餓死する結果になる。

マクドナルド首相は現状について、戦時に戻ったような状況だと語り、この言葉を信じている国民は多い。しかし真実は正反対である。戦争中には、避けられる支出をすべて抑制するのが正しい。戦争遂行のための際限のない軍需品需要に、資源を回せるようになるからだ。しかしいま、節約によって余った資源を何に回そうというのか。街頭に立って、失業手当を受け取ることなのか。

失業者がこれほど増え、あらゆる種類の資源がこれほど大量に遊休状態になっているなかで、国全体の観点で節約が有益だといえるのは、輸入品の消費を減らす部分だけである。それ以外の部分は、失業、企業の損失、貯蓄の減少の形でまったく無駄になる。しかし、輸入を減らす方法としては、節約は異例なほど間接的で無駄が多い。

労働者を失業させ、政府職員の所得を減らして、直接、間接に影響を受けた人たちがこれまでと同じように輸入品を買うことができないようにすれば、輸入が減少した分、イギリスの国際収支の問題は緩和する。しかしその幅が、節約の総額の二十パーセントを超えることはないだろう。残りの八十パーセントは無駄になり、イギリス国民が他人からものやサービスを買うのを拒否したために起こる損失の転嫁か失業の形であらわれることになる。

以上に述べた点はまったく確かなのだが、節約を声高に求める人のなかに、自分たちの主張が実際にもたらす結果をわずかでも理解している人が百万人に一人いるかどうかは疑問だと思う。

財政赤字の問題があることを否定しているのではない。まったく逆である。わたしが主張したいのは以下の点だ。財政赤字は主に、他のさまざまな要因の結果であり、現象である。さらに、節約という方法ではこれらの要因を解消するどころか悪化させる。したがって、節約という方法だけをとっていては、財政赤字の問題をおそらく解決できない。

現在の苦境は根本的に、何に起因しているのだろうか。大きくいえば世界的な恐慌であり、直接にはシティの大手金融機関が信じがたいほど無分別なことであり、そして起源をさかのぼっていけば、どのような性質の困難にぶつかるかをまったく認識しないまま、金本位制に復帰する政策をとったことである。いまイギリスがぶつかっている苦境が財政赤字の問題だというのは、賠償問題をすべて忘れて、ドイツの問題は財政赤字にあると主張するようなものである。

世界的な不況についていうなら、いまの段階でイギリスにできることはまったくない。それに必要な国際的指導力を、五月の段階には回復しているように思えたが、いまではまったく失っているからである。シティの金融機関による不健全な国際銀行業務の結果も、当面は取り返しがつかない。いま、イギリスに残されている選択肢は、現在の金平価を維持するかどうかだけである。

金平価は維持するという決定が下された。その理由をわたしは理解できるが、賛成できない。決定はヒステリーのような興奮状態で下されており、選択肢を冷静に判断した結果ではない。閣僚は別の道を選んだときに予想される結果を示したが、この予想は十分間も冷静に議論すれば維持できなくなるほどお粗末であった。

この決定を国民が嘆くようになるとわたしは信じている。現在の内閣を構成する閣僚が過去十年に下した重要な決定のほとんどをいま国民が嘆いているのと、同じ結果になるとみているのである。

しかし、いま重要なのはその点ではない。どのような犠牲を払っても金本位制を維持する決定が下された。いま重要なのは、内閣も世論もこの決定を実施するために何をなすべきかについて、明確な考えをもっていないように思えることである。唯一の例外として、目先の必要を満たすために、海外で資金を調達する必要があることだけは自明なので、理解されている。海外での資金調達は、これまでポンド建てで借りていた資金を、フランス・フラン建てかドル建ての資金に置き換えるだけのことである。しかし、海外での資金調達にいつまでも頼ることができると考えるわけにはいかない。残った問題は主に、貿易収支を改善することにかかわっている。この問題こそ、内閣が考えるべき点である。

この問題を解決する道は二つしかない。第一は穏やかな道であり、輸入を抑制するために直接の手段をとる方法である（可能であれば、輸出補助を組み合わせる）。第二は国内の賃金をすべて名目ベースで引き下げる道である。平価切り下げを拒否するのであれば、いずれ、この二つをともに試さなければならなくなるだろう。

しかし、さしあたっての問題は、どちらを先に試すべきかである。第二の道では、適切な規模にするには賃金の劇的な引き下げが必要になり、社会的な公正と実施方法の両面ですさまじく困難で、おそらくは解決が不可能な問題にぶつかることになる。したがって、輸入の抑制というはるかに穏やかな道をまず試すのが当然だろう。

この道を選べば、他にも重要な利点がある。外国為替相場への圧力が軽減されるだけではない。どの手段と比較しても、財政収支の均衡に大きく寄与するのである。現実に可能な課税の形態としては唯一、企業利益と雇用を増やし、実業界の意欲と信認を高めるものである。

最後に、当然ながら、世論の圧倒的な支持があるのは、収入関税だけである。信頼できる報道によれば、前内閣は三対一の比率で収入関税を支持していたという。現内閣は、四対一の比率で支持しているように思える。全員一致で賛成しているのは、第三の影の内閣だけである。しかし、犠牲がいまの時代の風潮になっており、イギリスは自己犠牲の精神に基づいて、「挙国一致内閣」という素晴らしい仕組みを作り上げた。この内閣の基礎になっているのは、内閣が続くかぎり、すべての閣僚が、現在の苦境に対する唯一の健全な解決策だと信じる政策を犠牲にするという合意なのである。

わたしは通貨切り下げが正しい対策だと信じているが、国内にはこの政策を掲げている政党はない。そこで通貨切り下げを除外すれば、三つの方法がある。

第一は、経済資源の遊休を強制するより好ましい方法として、リスクをとって国内開発を活発に進める方法である。

第二は、賃金を全般的に引き下げ、社会的な公正の観点から、他の金銭所得も実行可能なかぎり引き下げる方法である。

第三は、輸入を劇的に制限する方法である。

わたしの理解が正しければ、「挙国一致」内閣は以上の三つの方法をいずれも拒否している。そして、権限が及ぶ範囲でなるべく多くの人の生活水準を引き下げる政策をとり、そのごく一部が輸入の減少をもたらすことに期待をかけている。直接の輸入制限よりもこの方法を好むのは、まともだとは思えない。

＊イブニング・スタンダード紙一九三一年九月十日号

三　金本位制停止の後に（タイムズ紙宛て書簡、一九三一年九月二十八日）

ごく最近まで、わたしは自由党員をはじめとする人たちに、[1]国内外のコストの明らかな不均衡が与える悪影響を緩和する手段として、一般関税を受け入れることが重要だと主張してきた。しかし、先週の金本位制停止で状況は大きく変わった。現在のポンドの金平価では、イギリスの生産者はおそらく、多くの分野で世界でもとくに低コストになった。ここまで状況が変わった以上、何ごともなかったように振る舞うわけにはいかない。通貨の問題がまったく未解決の状態では、関税について理性的に議論することはできない。ポンドの金平価が将来、どの水準で落ち着くかがもっとはっきりするまで、そして何よりも、どれだけの国がイギリスの例にならうかが分かるまで、イギリスの競争上の立場がどうなるかを判断することはできない。

（注1）自由貿易主義の友人たちは、わたしが考えていたほど先入観にこりかたまっていなかったことが分かった。関税がもはや必要ではなくなった後にも、関税法案に賛成した議員が多かったからだ。

そこで、当面の問題は関税ではなく通貨であると主張させてほしい。いま緊急で重要なのは、通貨なのである。現時点でこれは党派対立の対象になる問題ではなく、どの政党も教条的な姿勢をとっていない。したがって、超党派で扱うのにふさわしい問題である。この問題を争点に総選挙を行うのはまったく不適切である。いまは、イギリスが指導力を発揮する絶好の機会である。おそらく、大英帝国の全体と、残りの世界の半分以上を指導できる立場にあり、世界金融でのロンドン市場の優位をしっかりした基礎のうえに再建できるだろう。一方、大幅な保護貿易措置の提案は緊急性を失った。保護貿易措置をめぐる混乱をもちこんで、もっと緊急で重要な問題を無視するのは、間違いだし、愚かなことである。いまはすべての関心とエネルギーを結集し、イギリスのために、そして世界各国のために、健全な国際通貨政策を策定すべきである。そうした政策がないまま、イギリスが以前の繁栄を取り戻せると考えるのは間違いだし、関税がそうした政策の代わりになると考えるのも間違いだからである。通貨の問題が解決すれば、産業の保護などの国内問題をしっかりした基礎のうえに議論できるようになる。その時点になれば、総選挙を実施すべきだ。

＊タイムズ紙一九三一年九月二十九日号

金本位制の終わり（一九三一年九月二十七日）[1]

（注1）一九三一年九月二十一日、イギリス政府は金本位制を停止した。

イギリスには、金の束縛から解放されたのを喜んでいない国民はほとんどいない。これでようやく、賢明な行動がとれるようになったと感じている。夢物語に酔う段階は終わり、どの政策が最善かを現実的に議論できるようになった。

悲惨な破局だとされてきた動きがこれほど歓迎されたのは、何とも驚きだと思えるかもしれない。しかし、自国通貨を実際の価値より高く維持する努力をやめたことでイギリスの貿易と産業が得られる大きな利点は、すぐに理解された。

当事者の間で意見が分かれたのは、概ね違った観点でのものであった。難問は名誉の問題であった。シティの金融関係者は、外国人から巨額の預金をポンドで受け入れている以上、ポンドの価値を維持するために、あらゆる手を尽くすのが名誉のかかった義務であり、そのために国内産業に耐え難い圧力がかかってもやむをえないと考えていた。だが難しい問題は、どの段階に達すれば、あらゆる手段を尽くしたのだから自己の利益を優先しても当然だといえるのかである。

結局のところ、イギリスは必要としていた通り、金の束縛から解放されたと同時に、義務を限度まで果たしたと全世界に判断され、名誉を守ることができた。金本位制を、避けがたくなるまで停止しなかったからだ。わずか数週間に、イングランド銀行は二億ポンドの金か金相当物を支払っている。これはロンドン市場で外国人が保有する債権総額の約半分にあたるし、しかも、ロンドン市場がこの資金を使って行っていた海外への貸し付けが大部分凍結されているなかで、ここまで支払ったのである。これ以上のことができる銀行家はいない。混乱が収まったとき、シティは名誉を損なうことなく立ち上がるだろう。ドン・キホーテといわれかねない限度まで、ゲームのルールに従って戦ったのであり、そのために貿易がほとんど止まりかねないリスクまでとったからだ。

したがって、金本位制の束縛から解放されたときに歓喜を感じたのも、株式市場で株価が急騰したのも、骨と皮になっていた産業が動き出したのも、不思議だとはいえない。ポンドの為替相場が、たとえば二十五パーセント下落すれば、同じ率の関税を課したのと変わらないほど輸入を抑制するとともに、関税では輸出を支えられないどころか打撃にすらなりかねないのに対して、ポンド安なら同じ二十五パーセントの輸出奨励金になり、しかも輸入品との競争で国内生産者を支援できるのだから。

多くの貿易品目で、イギリス産業はいまでは、金換算で、世界でもっとも生産コストが低くなっているはずである。イギリスはこの利点を、賃金を引き下げることなく、労働争議もなく、獲得できたのである。社会のすべての部分にまったく公正な方法で、生計費に深刻な影響を与えることもなく、獲得できたのである。イギリスの消費全体のうち、輸入品が占める比率は二十五パーセントに満たない。したがって、ポンドの為替相場が二十五パーセントをはるかに超える率で下落しないかぎり、生計費が十パーセント上昇することはない。これなら深刻な生活苦に見舞われる人はいないはずである。二年前の状態に戻ったにすぎないのだから。一方、雇用はおおいに刺激される。

今後何日かにポンドがどれだけ下落するか、予想しようとは思わない。ただし、当面、冷静な計算によって均衡水準だとされる水準を下回ることになるとはいえる。その後に、投機と利食いの動きでポンドが買われ、投機とパニックによるポンド売りと釣り合うようになるだろう。ポンドがここまで高い水準で変動相場に移行するのを許容したのは、当局の大きな間違いであった。適正な水準まで、段階的に下落していくのが避けられなくなり、その過程でポンドへの信認が低下し、事情に疎い人にはポンド安に歯止めがかからなくなるという印象を与えるからだ。これまで楽観論が行きすぎていた人が、今度は悲観論が行きすぎる可能性が高い。だが悲観論も、楽観論も、どちらも根拠なきものなのである。ポンドの均衡水準は一か月前と変わっていない。ポンド安が極端になりはじめれば、ポンドを支える大きな力がはたらく。破局的な下落に陥るリスクはないとみられる。

以上では、イギリスへの影響をまとめた。海外にはどのような影響がでるのだろうか。一律にはならないだろう。まずは、イギリスがポンド建てで過去に巨額を貸し付け、ポンド建てで金利を支払う債務国についてみていこう。オーストラリア、アルゼンチン、インドなどがここに入る。これらの国にとって、ポンド安は大幅な債務減額を意味する。これまでより少ない量の商品でポンド建ての債務を返済できるようになるからだ。この金利は海外からイギリスに支払われるものであり、ポンド建てになっていて、年に約一億ポンドである。この金額について、イギリスはものわかりの良い債権者のように、最近、商品価格が破局的に下落し、状況が大きく変わったのだからと、借り手の負担を軽減したことになる。

他の工業国についてみていくと、イギリスはこれらの国との競争でこれまでより有利な立場に立ったのだから、影響はもっと複雑である。世界のかなりの国はイギリスに追随し、金に対する自国通貨の価値を切り下げると予想される。すでに多くの国で、金平価の維持にそれほど努力しない姿勢があらわれはじめている。過去数日に、カナダ、イタリア、北ヨーロッパ諸国がイギリスと同じ方向に進んでいる。インドと、マラヤなどのイギリス直轄植民地は、自動的にポンドに追随した。オーストラリアと南アメリカ諸国はすでに、為替平価を維持する努力を放棄している。ドイツがイギリスに追随するのを長期間遅らせるとすれば、意外な動きだといえる。オランダは金本位制を続けて、オランダ領インドのゴム産業と砂糖産業を壊滅させるのだろうか。世界のかなりの部分には、イギリスに追随する強い動機があるだろう。ほとんどの国では、デフレによる苦境は、イギリスよりはるかに深刻なのだから。

デフレが深刻な国ではどの国でも、イギリスの例にならえば、物価上昇による恩恵を受けられる。しかしどの国も、他国を犠牲にして競争上の優位を確保することはできない。したがって、競争上の不利は、金本位制を維持する少数の国に集中するだろう。これらの国はミダスの呪いを受ける。輸出代金を金以外で受け取るのを嫌うために、輸出が先細りになっていき、やがて、貿易収支の黒字が消えるか、引き揚げられる海外の預金がなくなるだろう。そうなるのは主に、フランスとアメリカである。この二国の輸出減少は、それぞれの国の行動がもたらす結果として避けがたいし、予想できることである。アメリカとフランスは第一次世界大戦と戦争処理の結果、他国に対する巨額の債権を保有している。そして、関税障壁を構築し、債務国が商品で返済するのを妨げている。他国への貸し付けにも消極的だ。すでに世界全体の余剰の金をほぼすべて集めている。論理的にみて、他国が支払い能力と自尊心を維持する方法は一つしかない。これら二国の輸出品の購入を止める方法である。金本位制が維持されているかぎり、国際商品の価格はどの国でもほぼ同じになるはずなので、これはデフレ競争になることを意味した。どの国も他国より速いペースで物価を低下させるように努力し、その結果、失業が深刻化し、企業の赤字が耐え難いまでに増加してきた。

しかし、金本位制の破綻とともに、問題はすぐに解決する。フランスとアメリカでは自国通貨が他国の通貨に対して上昇し、輸出産業は商品を売るのが不可能になる。両国が最近の政策を一貫して追求していけば、それ以外に行き着く先はない。自国の輸出産業を破壊する道を選んできたのであり、輸出の回復をもたらすために必要な手段をみずから講じるしかない。両国では通貨高によって、銀行も深刻な打撃を受けるはずである。アメリカは事実上、他国に対して、アメリカから小麦や、銅、綿花、自動車を輸入できないなかでどのような方法をとるのか、問題を投げかけているのである。アメリカが問題を作り出したのであり、解決策は一つしかないのだから、他国はそれを探すよう強いられてきた。

しかし、これはわたしが望む結論とは正反対である。イギリスがやむなくとった解決策は、国内の問題を一気に軽減し、重荷を他国に転嫁するものだが、実際には、誰にとっても満足できない解決策なのである。アメリカで貿易が回復しないかぎり、世界全体が繁栄を取り戻すことはできない。平和と信認、調和のとれた経済的均衡を密接に関連しあっている世界各国の間で確立することこそ、追求するに値する唯一の目標である。

先週の大きな動きは、世界の通貨の歴史で新たな一章の始まりになりうると思う。とても乗り越えられないと思えた壁が、これで打ち破られた可能性があると期待している。いま必要なのは、国際会議を開いて親密に率直に話しあい、将来に向けて問題をうまく調整することだ。アメリカ合衆国大統領は、一九三一年六月にいわゆるフーバー・モラトリアムで眠りについた。大きな問題があって、注目してほしいのだが、魔法の呪文はまだ解かれていないようで、ホワイトハウスは動こうとしない。解決策はあるのだが、いつも手遅れになるのだろうか。イギリスは、世界の四分の三を占める国に呼びかけ、大英帝国の全体も加えて、新しい通貨制度を発展させ、商品でみた通貨の価値を安定させるべきなのだろうか。あるいは、イギリスが抜本的に改革した金本位制に復帰するとすれば、どのような条件が満たされなければならないかに、金本位制の国は興味をもつだろうか。その条件は厳しいものでなければならないのだが。

＊サンデー・エクスプレス紙一九三一年九月二十七日号

自由放任の終わり
(The End of Laissez-Faire)

以下は一九二四年にオックスフォード大学で行ったシドニー・ボール講義と一九二六年にベルリン大学で行った講義に基づいている。

I

公の問題を考えるとき、個人主義と自由放任という言葉でうまくまとめた見方をとるのが一般的だが、この見方は、いくつもの思想の流れと感情の泉から、その内容を引き出してきた。百年以上にわたって、わたしたちがこの点で哲学者の指導を受け入れてきたのは、ある種の奇跡によって、哲学者のほぼ全員がこの点に関しては意見が一致するか、少なくとも意見が一致しているように思えたからである。わたしたちはいまでも、この音楽に合わせて踊っており、新しい音楽に合わせて踊ろうとはしていない。しかし、変化の兆しが感じられるようになっている。個人主義と自由放任は、政治的な人間を導く歌声のなかで、かつてなかったほど鮮明でよく通るものだったのだが、いまでは不鮮明にしか聞こえなくなっている。多様な楽器の合奏、美しい声の合唱がついに、はるかかなたへと遠ざかるようになったのである。

十七世紀末、国王の権威は神に与えられたとする王権神授説が否定され、自然権に基づく自由と社会契約の思想があらわれた。教会の権威は神に与えられたとする教権神授説も否定され、宗教的寛容の原理と、教会は「人びとの自発的な結社」だとし、「完全に自由に自発的に[1]」集まったものだとする思想があらわれた。五十年後、人間の義務は神が定めた絶対のものだとする見方が否定され、功利計算の思想があらわれた。ジョン・ロックとデービッド・ヒュームによって、これらの思想が個人主義の基礎になった。社会契約の思想は、個人の権利を前提としている。こうして確立された新しい倫理は、合理的な自己愛がもたらす結果を科学的に研究したものにすぎなくなり、個人が中心の位置を占めている。ヒュームはこう論じた。「美徳を獲得するために必要な苦労は計算だけであり、幸福が大きくなる選択を着実に行うことだけである[2]」。こうした考えは、保守主義者や法律家の現実的な見方と一致した。財産権について、そして、もてるものが自由に行動し、自由に財産を処分する権利について、十分な思想的根拠を確立したからだ。この点は十八世紀の成果の一つであり、いまでもわたしたちが呼吸している空気の一つの成分になっている。

(注1) ジョン・ロック「寛容についての書簡」
(注2) デービッド・ヒューム『道徳原理の研究』第六十節

個人の権利を強調したのは、国王と教会の支配を打ち破るためであった。その結果、社会契約の思想による新しい倫理を通じて、財産と慣習的権利が強化された。しかし間もなく、社会という観点から個人の権利を制限するよう求める動きが新たに起こっている。ウィリアム・ペーリーとジェレミー・ベンサムが、ヒュームとその先駆者から功利主義的快楽主義[3]を受け継ぎ拡大して、社会的効用という観点を打ち立てた。ジャン・ジャック・ルソーはロックの社会契約説を受け継ぎ、一般意思の概念を引き出している。どちらの場合も、個人から社会へと力点が移行したのは、平等を重視するようになったからだ。レズリー・スティーブンはこう説明している。「ロックは社会契約説を適用して、人間の自然な平等という見方を拡大し、財産の平等、さらには特権の平等すら対象に含めて、社会全体の安全を考慮している。ルソーの場合には、平等は出発点というだけではなく、目標にもなっている[4]」

（注3）ペーリーはこう論じた。「人間に本来備わっている尊厳と能力、肉体に対する精神の優位、人間の動物的な部分に対する理性的な部分の優位、ある種の満足の価値と高尚さと繊細さ、別種の満足の低俗さと粗野さとみだらさなど、通常なら大げさに強調される点はすべて無視した。快楽には、どれほど継続するか、どれほど強いかという点以外に違いはない

とみているからである」『道徳哲学と政治哲学の原理』第一編第六章
（注4）レズリー・スティーブン『十八世紀のイギリス思想』第二巻一九二ページ

ペーリーとベンサムは同じ結論に達したが、そこまでの道筋は違っていた。ペーリーは神を登場させることで、快楽主義が利己主義の結論に達するのを防いでいる。「美徳とは、神の意志に従い、永遠の幸福を獲得するために、人類に尽くすことである」と論じ、自己と他者を同等の位置に戻した。ベンサムは純粋に理論的に、同じ結論に達した。理論的に考えるなら、他人の幸福より一個人の幸福を好む根拠はなく、自分の幸福を好む根拠すらないという。こうして、最大多数の最大幸福だけが、行動の目的のうち唯一、理論的に正しいものだという結論を導き出した。これはヒュームの功利主義を受け継いだ見方だが、賢人ヒュームらしい皮肉な推論は見落としているようだ。ヒュームはこう論じている。「自分の指にかすり傷を負うぐらいなら世界が破滅する方が良いと考えるのは、理性に反することではない」。「わたしにとって、一人のインド人や、まったく知らない人のささいな不安を防ぐために、自分の完全な破滅を選ぶのは、理性に反することではない」。「理性は感情の奴隷だし、奴隷だけであるべきであり、感情に奉仕し服従すること以外に、どのような役割も求めてはならないのである」（『人性論』第二編第三部第三節）

ルソーは自然状態から平等を導き出し、ペーリーは神の意志から平等を導き出し、ベンサムは数学上の無差別の法則から平等を導き出した。こうして、平等と利他主義の思想が政治哲学に入り込み、ルソーとベンサムの影響が重なり合って、民主主義と功利主義的社会主義が生まれた。

このうち、功利主義的社会主義は第二の潮流であり、はるか以前の論争から生まれ、はるか以前に破綻した詭弁によって生きながらえてきたのだが、いまだにイギリスの思想風土に浸透している。しかし、民主主義の潮流を駆逐してはいない。民主主義と混じり合っているのである。十九世紀の初めに奇跡的な融合が進んだ。ロック、ヒューム、サミュエル・ジョンソン、エドマンド・バークらの保守的個人主義と、ルソー、ペーリー、ベンサム、ウィリアム・ゴドウィン(5)らの社会主義と民主的平等主義が調和したのである。

（注5）ゴドウィンは自由放任を徹底して、すべての政府は悪だと考え、ベンサムもこの見方にほぼ同意している。平等の教義がこの場合には極端な個人主義になり、無政府主義に近づい

ている。ゴドウィンはこう述べた。「個人の判断をあらゆる面で行使することは、言葉でいいあらわせないほど美しい教義であり、まともな政治家なら、これに干渉する考えを認めることには徹頭徹尾消極的だと感じるはずである」(スティーブン、前掲書、第二巻二七七ページ)

とはいえ、正反対の二つの見方が調和するのは容易ではなく、この時代に調和が達成できたのは、経済学者が登場し、絶好の時期に目立つ存在になったからである。神の恩寵によって、個人の利点と公共の利益が調和するという見方はすでに、ペーリーにあらわれていた。しかし、この見方を科学的に裏付けたのは、経済学者であった。自然の法則が作用して、個人が自由な状態で洗練された自己利益を追求すればかならず、同時に公共の利益を増進することにもなると考えてみればいい。これで、哲学の難問は解決する。少なくとも実務家にとって、難問に思い煩う必要はなくなり、必要条件である自由の確保に専念すればよくなる。政府には個人の自由に干渉する権利はないとする哲学上の原理と、神の奇跡によって干渉の必要がなくなっているとする神学上の見方に、干渉するのは得策でないとする科学的な論証が加わったのである。これが自由放任の思想を支える第三の潮流であり、アダム・スミスの著作に見つけだすことができる。スミスは概ね、「各人が自分の生活をよくするために自然に努力する」ことで公共の利益が達成されると考えたが（『国富論』第四編第五章）、この見方が十分に、自覚的に発展したのは、十九世紀がはじまってからであった。この時点で、自由放任の原則によって、個人主義と社会主義の調和が達成され、ヒュームの利己主義と最大多数の最大幸福の融合が達成されることになった。政治哲学者は引退して、企業家に任せておけばよくなった。企業家が自分の利益を追求すれば、哲学者が考える至高の善が達成できるのだから。

しかし、これだけではプディングは完成しない。別の成分を加える必要があった。第一に、十八世紀には政府が腐敗し、無能であり、十九世紀にもその後遺症がかなり残っていた。政治哲学者の個人主義は自由放任を支持するものであった。個人の利益と公共の利益が、ある立場からは神の摂理によって融合し、別の立場からは科学的にみて融合するという見方も、自由放任を支持するものであった。だが何よりも、公共の立場に立った当局者が無能だったために、実務家は自由放任を支持する強い感情をもっていた。いまの時代になっても決して消えていない感情である。十八世紀に政府が最小限の機能を超えて行ったことは、ほぼすべて逆効果になるか不成功に終わっているか、少なくともそう思えた。

一方、一七五〇年から一八五〇年までの物質的な進歩は民間の個人の努力によるものであって、社会全体を指揮する立場からの指示による部分はほとんどなかった。この現実のために、先験的な理論の説得力が強まった。哲学者と経済学者は、各種の深い理由で、束縛を受けない民間事業の活動こそが、社会全体にとって最善の結果を生み出すと教えた。企業家にとって、これほどぴったりの教えがあっただろうか。そして、現実的な論者が周囲の現実を見渡したとき、その時代を特徴づけた進歩の恩恵が、金儲けにはげむ個人の活動に起因していることを否定できただろうか。こうして、神の恩寵、自然法、科学的な理論のいずれに基づくものであっても、国の行動をごく狭い範囲に限定するべきであり、経済活動はできるかぎり規制せず、世の中で身を立てようとする個人の能力と良識に任せるべきだとする見方を受け入れる素地が十分にあったのである。

ペーリーらの哲学者の影響が薄れてきたとき、ダーウィンの革命的な理論が登場し、宗教を根底から揺り動かした。それまでの考え方と、これほど正反対の説はありえないと思えた。それまでは、世界を時計職人のような神の業だとみていたのだが、その世界がすべて、偶然と混沌と過去によって作られたと思えるようになったのだから。しかし一つの点で、この新しい思想はそれ以前の思想を強めることになった。経済学者は、富も商業も機械も自由競争の結果だと教えていた。自由競争の結果、ロンドンができたのだと。ところがダーウィン主義者は議論をもう一歩先に進めることができた。自由競争の結果、人類が誕生したのだと。人間の目はもはや、すべてを最善のものにするように設計した神の業の証ではない。偶然が生み出した最高の成果なのであり、自由競争と自由放任という条件があったからこそ、この成果が生まれたのである。適者生存の原則は、リカードの経済学を極端に一般化したものだともいえる。この大きな総合の観点では、社会主義の立場からの干渉は、得策でないというだけではなく、不遜な行為だとすらいえるようになった。人類は太古の海の泥の中からビーナスのように立ち上がってきたのであり、社会主義の立場からの干渉はこの力強い前進を妨げようとするものだからである。

以上では、十九世紀に普及した政治哲学について、対立しあっていた多様な思想を調和し、すべての良い面を一つの目標に向けて統一することに成功した結果として跡づけてきた。ヒュームとペーリー、バークとルソー、ゴドウィンとマルサス、ウィリアム・コベットとウィリアム・ハスキッソン、ベンサムとコールリッジ、ダーウィンとオックスフォード主教はそれぞれ対立しあっていたように思えて、じつのところ、同じ教えを説いていたことが分かったのだ。個人主義と自由放任の教えである。これがいってみればイギリス国教会の教えであり、これらの思想家はみな、使徒なのである。そして経済学者の一団が控えており、少しでもこの教えに背く行動をとれば、経済が破綻すると証明する役割を担っていた。

以上の理由とこの雰囲気によって、この事実を知っているかどうかにかかわらず（いまの堕落した時代には、たいていの人はこの点をほとんど知らないのだが）、いまの人たちが自由放任を好む強い感覚をもっている理由、通貨の価値や投資の道筋、人口などを国が規制しようとすると、高潔な人たちが強い疑いをもつ理由を説明できる。いまの人たちは、これらの思想家の著作を読んでいない。たまたま読む機会があれば、とんでもない主張だと思うはずだ。とはいえ、ホッブズやロック、ヒューム、ルソー、ペーリー、アダム・スミス、ベンサム、ハリエット・マーティノーらが考え、書いていなければ、いまの人間はいまのように考えていなかったのではないかと思う。思想の歴史を学ぶことは、精神を束縛から解放する条件を整えるために不可欠である。現在しか知らない場合と、過去しか知らない場合とで、どちらが保守的になるのかは分からないと思う。

Ⅱ

以上で語ってきたのは、十八世紀の哲学思想の発展と啓示宗教の衰退から利己主義と社会主義の矛盾が生まれたが、経済学者が科学的な装いの理屈を示したために、実務家がこの矛盾を解決できたということである。しかし、そう論じたのは簡潔にするためであって、ここで但し書きを加えておかなければならない。これは、経済学者が論じたとされていることである。偉大な経済学者の著書には、そのような教義は書かれていない。偉大な学説を平易に解説して通俗化した著者が論じた見方である。功利主義者がヒュームの利己主義とベンサムの平等主義を同時に認めて、両者を総合しようとしたとすれば、信じるようになったとみられる見方である(1)。経済学者が使った言葉は、自由放任を主張したと解釈できるものだった。しかし、この見方が普及したのは、経済学者ではなく、この見方を受け入れやすかった政治哲学者のためだというべきである。

（注1）レズリー・スティーブンが要約したつぎのコールリッジの見方に共鳴できるはずである。「功利主義者は、社会の結束のあらゆる要素を破壊し、社会を利己主義がぶつかりあう場にし、秩序や愛国心、詩歌、宗教のすべての基礎を攻撃した」

自由放任という格言は一般に、十七世紀末ごろ、フランソワ・ルジャンドルという商人がジャン・バティスト・コルベール財政総監に語った言葉が起源だとされている。[2] しかし疑いもなく、この言葉をはじめて使い、しかもこの思想にはっきりと関連づけて使ったのは、一七五一年ごろのレネ・ルイ・アルジャンソン侯爵である。[3] 政府が商業に干渉しないようにすることの経済的利点を熱心に主張したのは、侯爵がはじめてであった。侯爵はこう論じている。良い政府は小さな政府だ。フランスの工業が衰退した真の原因は、政府が過度に保護していることである。[4]「人びとが開化されれば、自由に放任しておくべきだ。どの政府も、この点を肝に銘じておかなければならない」。「隣国に損をさせることでしか自国の力をのばせないというのは、何とおぞましい考えだろう。これで満たされるのは意地悪で卑劣な気持ちだけであり、自国の利益にも反する。もう自由にさせるべきだ。放任しておくべきだ」

（注2）「何をしてほしいのか」とコルベールが質問した。「自由に放任しておいてくれ」とルジャンドルは答えた。

（注3）この言葉の歴史については、アウグスト・オンケンの『自由放任の格率』を参照。ここでの引用はほぼ同書による。アルジャンソン侯爵の主張はオンケンが明らかにするまで、ほぼ見過ごされてきた。存命中に発表された文章は匿名だったし（ジュルナル・エコノミク誌、一七五一年）、また、その著作は生前におそらく回覧されていたのだろうが、全文が出版されたのは、死後百年を経た一八五八年だったからでもある（『アルジャンソン侯爵の未刊行覚え書きと日誌』）。

（注4）「フランスの工業についても同じことがいえる。工業が衰退した真の原因は、政府が過度に保護していることである」

ここには経済思想としての自由放任が、自由貿易を求める熱烈な表現として完全に展開されている。この言葉と考えはその後、パリでよく使われていたはずだが、文献にはなかなかあらわれてこない。重農主義者、とくにバンサン・ド・グルネーやフランソワ・ケネーが自由放任を主張したとされてきたが、重農主義者の著作で証拠づけることはできない。もちろん、重農主義者が社会の利益と個人の利益の基本的な調和を主張したのは事実だが。自由放任という言葉は、アダム・スミスやリカード、マルサスの著作では使われていない。自由放任の考えすら、教条的な形ではあらわれていない。アダム・スミスはもちろん、自由貿易論者であり、十八世紀に使われた各種の貿易制限に反対している。しかし、航海法や金利制限法に対する姿勢をみると、教条的でなかったことが分かる。「見えざる手」に関する有名な一節すら、経済的な自由放任の思想よりも、ペーリーにつながる哲学を背景としている。ヘンリー・シジウィックとクリス・レズリーが指摘しているように、アダム・スミスが「自然な自由という単純明快な仕組み」を主張したのは、世界の秩序に関する有神論的で楽観的な見方、『道徳感情論』で論じられている見方によるのであって、経済学そのものの命題から導き出したのではない(5)。自由放任という言葉がイギリスで一般に使われるようになったのは、ベンジャミン・フランクリンの有名な言葉からだと思われる(6)。そして、わたしたちの祖父の時代に知られていた形で、自由放任の原則が功利主義哲学で使われるようになるのは、経済学者ではまったくないベンサムの後期の著作からである。たとえば、『経済学綱要』でこう論じている(7)。「一般原則としていえるのは、政府は何もしてはならず、何もくわだててはならないことである。このような場合、政府が守るべき標語は、お静かにである。……農業、製造業、商業が政府に求めているのは、ディオゲネスがアレクサンドロス大王に求めた点、『日向ぼっこを続けたいので、そこをどいていただけませんか』と同じように、控えめで穏当である」

（注5）シジウィック『経済学原理』二〇ページ
（注6）ベンサムも自由放任という言葉を使っている。『著作集』四四〇ページ
（注7）一七九三年に執筆され、一七九八年に一章が『イギリス叢書』で出版されたが、一八四三年のボーリング版『著作集』ではじめて全文が出版された。

その後、自由貿易を求める政治運動や、急進的な自由貿易主義を主張したマンチェスター学派の影響、ベンサム派功利主義者の影響、二流の経済学者の主張、ハリエット・マーティノーとジェーン・マーセットの啓蒙書によって、正統的な経済学から学べる実践的な結論として、自由放任が人びとの見方に定着するようになった。もっとも大きな違いが一つあり、人口に関するマルサスの見方がその間に同じ論者に受け入れられるようになっていたため、十八世紀後半の楽観的な自由放任主義は、十九世紀

前半には悲観的な自由放任主義に変化していた。(8)

(注8) シジウィックは前掲書二二ページで、こう論じている。「アダム・スミスのいう政府の領域の限界を概ね受け入れた経済学者も、この限界を意気揚々と主張するのではなく、やむをえないものとして主張した。現実の社会秩序を『自然な自由』の結果だとして賞賛するのではなく、少なくとも、現状に代わるものとして政府が確立できる人為的な秩序にくらべればましだとみていたのである」

マーセットの『経済学に関する対話』で、キャロラインは金持ちの支出を制限すべきだと、できるかぎり主張している。しかし最後には、負けを認めざるをえなくなった。

「キャロライン。この問題を学ぶほど、各国の間で、そして個人の間で、利益が対立するどころか、完全に一致するのだと思えるようになります。

B夫人。自由で大きな見方をすれば、かならず同じ結論に達しますし、誰に対しても善意の感情をもつことが大切だと教えられます。だからこそ、科学は実用的な知識より優れているのです」

一八五〇年にはウォトリー大主教の小冊子、『若者のためのやさしい教訓集』が出版され、キリスト教知識普及協会によって広範囲に配布されており、ここではB夫人がキャロラインにときおり抱くのを許したような疑問すら、取り上げられていない。結論部分でこう論じている。「政府が国民の金銭取引に干渉すれば、利益よりも害悪の方が大きくなるだろう。どのような種類の貸借でも売買でも、この点に変わりはない」。真の自由とは、「誰でも他人に被害を与えないかぎり、自分の財産、時間、能力、技能を自分が適切だと思う方法で自由に使えるようになっていることである」。

要するに、自由放任の教義が教育機関に浸透するようになり、ごく常識的な格言になったのである。この政治哲学は十七世紀から十八世紀にかけて、国王と聖職者を放逐するために鍛えられたのだが、十九世紀半ばには乳児用のミルクになり、文字通り子供部屋に入り込むようになった。

最後に、フレデリック・バスティアの著作で、経済学者の宗教が、手放しの熱狂によって表現されるようになった。『経済の調和』でこう論じられている。「わたしは、人間の社会を支配している各種の神の法が全体として調和していることを論じる。これらの法が調和しており、衝突しあっていないのは、すべての原則、すべての動機、すべての行動の原動力、すべての利害が壮大な最終目標に向けて協力しあっているからである。……最終目標とは、すべての階級が一つの水準に向かって、つねに上昇を続ける水準に向かって、どこまでも近づいていくことである。いいかえれば、全体の水準が上がっていくなかで、個人間の平等が実現していくことである」。バスティアは、聖職者がみなそうするように信条を書いたとき、こう述べている。「わたしは、神が物質的な宇宙を調整したとき、社会の調整を軽視しなかったと信じる。意思をもつ人間も、生命のない物質も、調和して動くようにして組み合わせたと信じる。……社会には何ごとにも止められない動きがあり、人びとが道徳、知識、肉体の面で共通の水準につねに近づいていくと同時に、共通の水準がどこまでも上昇を続けると信じる。人間性が徐々に、平和的に発展していくために必要な点は、この動きを混乱させず、この自由な動きを破壊しないことだけだと信じる」

ジョン・スチュアート・ミルの時代から、一流の経済学者はこのような見方のすべてに強く反対してきた。エドウィン・キャナンはこう述べる。「高く評価されている経済学者はほとんど誰も、社会主義の考え方全体を真正面から攻撃する動きには加わろうとしない」。ただし、こうも記している。「高く評価されているかどうかにかかわらず、ほぼすべての経済学者は、社会主義的な提案があればいつでも、難点を指摘しようとする」[9]。経済学者は社会の調和という教義の基礎にある神学と政治哲学とはもはや無関係になり、経済の科学的分析からそう結論づけることもなくなったのである。

（注9）キャナン『生産と流通の理論』四九四ページ

ジョン・エリオット・ケアンズは一八七〇年、ロンドンのユニバーシティ・カレッジで行った『経済学と自由放任』の序講で、おそらく正統派の経済学者としてはじめて、自由放任の教義を正面から批判した。「自由放任の格率は科学的な根拠がまったくなく、せいぜいのところ、実務上の原則として便利だというにすぎない」[10]。これが過去五十年、主要な経済学者全員の一致した見方になっている。一例をあげるなら、アルフレッド・マーシャルはとくに重要な著作のいくつかを、個人の利益と社会の利益が調和しない主要な事例の解明にあてている。とはいえ、代表的な経済学者が教条に陥らない慎重な姿勢をとっていても、個人主義的な自由放任論こそ、経済学者が教えるべき点だし、現に教えていることでもあるという一般の見方は変わっていない。

（注10）ケアンズはこの講義で、「一般的な見方」をつぎのように描いている。「一般的な見方では、経済学は以下の点を示すことになっている。富がもっとも急速に蓄積し、もっとも公平に分配されるのは、いいかえれば、人間の厚生がもっとも効果的に増進されるのは、人びとが自由に行動できるようにする単純な方法をとったとき、つまり、個々人が自己利益を自由に追求できるようにし、暴力や詐欺を控えるかぎり、国や世論の干渉を受けないようにしたときである。これが一般に自由放任と呼ばれている教義である。したがって経済学は、この格率を科学的に表現したものだと一般に考えられており、個人の営業の自由と契約の自由を、産業に関するすべての問題に対する唯一の解決策、しかも十分な解決策だと主張しているとされている」

Ⅲ

経済学者は、他の分野の科学者と同様に、議論の出発点とする仮説、初心者に提示する仮説を、単純だという理由で選んでいるのであって、それが事実に近いという理由で選んでいるわけではない。この点が一因になって、そしてもう一つ認めなければならないことだが、経済学の伝統による偏向も一因になって、経済学者は議論の出発点として、多数の独立した個人の試行錯誤によって、そしてその過程で正しい方向をとったものが競争に勝ち、間違った方向をとったものを破滅させることによって、生産資源の理想的な配分が達成されると想定する。この点から、資本か労働を間違った方向に振り向けたものには、支援や保護を提供してはならないといえる。この方法では、利益追求で最大の成功を収めたものが容赦のない生存競争で頂点に立つことになり、効率性の劣るものを破産させる方法で、とりわけ効率的なものが選ばれていくことになる。競争のコストは考慮せず、最終的な結果の便益だけを考え、しかもこの最終結果が恒久的なものだと想定する。生活の目的ができるかぎり高いところにある枝の葉を食べることだとすれば、この目的を達成するのにもっとも適切な方法は、とくに首の長いキリンが木の葉を独り占めし、首の短いキリンを飢えさせることである。

以上は、各種の目的の間で生産手段の理想的な配分を達成する方法に関する想定だが、これに対応して、消費対象になりうるものの理想的な配分を達成する方法にも同様の想定がある。第一に、各人は「限界部分で」試行錯誤を繰り返すことで、消費対象になりうる各種のもののなかから、とくに望んでいるものを見つけだす。この方法で、個々の消費者は自分の消費についてもっとも有利な配分を達成できるうえ、個々の消費対象は、その対象に対してとくに強い欲求をもつ消費者の口に入ることになる。そういう消費者が誰よりも高い価格を支払うからである。したがって、キリンに自由に行動させておくと、結果はつぎのようになる。第一に、木の葉の消費量が最大になる。とくに首の長いキリンが、他のキリンを飢えさせて、木の葉をつぎつぎに食べていくからである。第二に、それぞれのキリンは、届く範囲の木の葉のうち、とくに美味しい葉を食べようとする。第三に、ある葉に対してとくに強い欲求をもつキリンが、その葉を食べるために、とくに必死になって首を伸ばす。こうして、とくに美味しい葉が食べられていき、個々の葉は、それを食べるためにとくに努力する価値があると考えたキリンに食べられていく。

しかし、制約を受けない自然淘汰が進歩をもたらすときの条件に関する以上の想定は、二つの暫定的な想定のうち、一つにすぎない。この想定ともう一つの想定がどちらもまったく正しいとみられるようになって、自由放任の教義を支えてきた。もう一つは、個人に無制限の金儲けの機会があることが、最大限の努力を引き出すために有効であり、必要でもあるという想定である。自由放任のもとでは、有能なためか幸運なために、適切な時期、適切な場所に生産能力を保有していたものが、利益を得る。有能か幸運な個人がある場面ですべての成果を刈り取れる仕組みがあれば当然ながら、適切な時期に適切な場所を選ぶ技術を実践する強い動機が生まれる。こうして、人間の動機のなかでもとりわけ強いものの一つ、金銭愛が、富の増加に最適な形で経済資源を配分するために利用されるのである。

こうみていくと、すでに触れた経済的な自由放任とダーウィン主義の関係が、ハーバート・スペンサーが真っ先に指摘したように、じつのところ、きわめて密接であることが分かる。ダーウィンは性愛が性選択を通じて競争による自然淘汰を助け、進化が望ましいうえに効率的な方向に向かうことになると論じたが、個人主義者は金銭愛が利益追求を通じて自然淘汰を助け、交換価値でみてとくに望ましいものが最大限の規模で生産されるようになると論じているのである。

この理論はきわめて美しく、単純明快であるため、ありのままの事実に基づいているわけではなく、単純化のために導入された不完全な仮説に基づいている点が忘れられやすい。個々人が自己利益を追求してそれぞれ独立して動いたとき、全体的な富が最大限に生み出されるという結論には、後に指摘するいくつかの問題点以外に、さまざまな非現実的想定に基づいているという問題がある。生産と消費の過程がどちらも有機的なつながりをもっていないという想定、状況や条件に関する十分な知識が事前にあるという想定、事前に知識を得る機会が十分にあるという想定がある。経済学者がこう想定するのは一般に、以下の場合に生まれる複雑さを議論の後の段階で論じようとするからである。第一に、効率的な生産単位が、消費単位より大きいとき、第二に、間接費や共通費用があるとき、第三に、内部経済のために生産の統合が有利になるとき、第四に、調整に要する期間が長いとき、第五に、知識が不足して無知がはびこっているとき、第六に、独占やカルテルによって対等な取引が妨げられているときである。経済学者は、後に現実を分析する際にこれら要因を導入すればいいと考え、当初はこれらの要因がないと想定して分析していく。それだけでなく、この単純な仮説が現実を正確にとらえたものでないと認識している経済学者でも、これが「自然」であり、したがって理想的な状態だと考えていることが多い。つまり、単純化した仮説が健全なのであり、複雑な現実は病的だとみているのである。

以上で取り上げたのは事実の問題だが、それ以外に、よく知られた点として、競争のコストと性格、富がとくに必要とされているわけではないところに集中する傾向も考慮にいれるべきである。キリンの厚生を心から気に掛けているのであれば、首が短いキリンが飢えに苦しんでいること、美味しい葉がキリン同士の戦いで地面に落ちて踏みつけられていること、首の長いキリンが食べ過ぎになっていること、本来は穏やかなキリンの顔が不安や貪欲な闘争心で歪んでいることを見逃すわけにいかない。

しかし、自由放任の原則には、経済学の教科書以外に援軍があった。健全な思想家や分別のある一般大衆は、これに反対する二つの思想、一方の保護主義と他方のマルクス派社会主義がどちらも貧弱なために、やはり自由放任が正しいと考えたことを認めておかなければならない。この二つの思想は、自由放任を好む一般的な見方に反していることが大きな特徴になっているが、それだけでなく、論理的な間違いが特徴になっている。どちらも貧弱な思想の典型であり、過程を分析し、結論に達するまで考え抜くことができていない。これらに対する批判は、自由放任の原則にも支えられているが、この原則がなくてはならないわけではない。両者のうち、保護主義は少なくとももっともらしいと思えるので、これを広めようとする勢力があるのは不思議ではない。マルクス派社会主義は、思想史の研究者にとって謎でありつづけるはずである。これほど非論理的で退屈な理論がなぜ、多数の人たちに強力で永続的な影響を与え、そうした人たちの行動によって歴史に影響を与えたのだろうか。いずれにせよ、この二つの思想に明らかな科学的欠陥があったことが大きな要因になって、十九世紀の自由放任論は名声と権威を維持できた。

また、第一次世界大戦の際には、自由放任主義から逸脱して、中央集権的な社会行動がとられた点が目立ったが、改革派が勇気づけられることも、古い偏見がなくなることもなかった。確かに、どちらの側にも主張できる点がたくさんある。戦争中に生産の社会化を身近に体験して、平時にも同じ方法を適用したいと楽観的に考えた論者もいた。戦時社会主義が平時にみられた水準をはるかに超える富の生産を達成したのは、疑問の余地がない。引き渡された財とサービスはすぐに、無益に消えてなくなる性格のものだったが、それでも富であったからだ。とはいえ、無駄になった努力がきわめて多かったのも事実であり、浪費やコストをかえりみない風潮には、質素な人や倹約を重んじる人は不快感をもっていた。

最後に、十八世紀後半から十九世紀前半にかけての政治哲学と道徳哲学に深い根拠があったとはいえ、個人主義と自由放任の思想が長期にわたって公共の問題で支配的な力を維持してきたのは、この時代の経済界の必要と望みに合っていたからである。

当時の英雄、偉大な企業家が思う存分、活躍できるようにしたのだ。アルフレッド・マーシャルはこう語っていた。「欧米の世界では、とりわけ有能な人物のうち、少なくとも半分は事業に従事している」。この時代に「高度な想像力」をもつ人物の多くが、企業で働いている。これらの人物の活動にこそ、進歩への期待がかかっていた。「この階級の人間は頭の中でたえず見方を変化させながら、望ましい目標を達成するさまざまな道筋や、それぞれの道筋でぶつかる自然の障害の大きさ、自然の障害を克服するのに使えそうな方法を考えている。この想像力に対して、人びとの評価はほとんど受けられない。想像力の暴走を許さず、想像力をさらに強い意思で抑えているからであり、また、最高の栄誉を受けるときには、大きな目標をじつに単純な方法で達成するので、軽率な論者がみれば素晴らしい方法がいくつもあるのに、なぜその方法を選んだのかは誰にも分からないし、専門家以外には想像すらつかないからである。そうした人物はチェスの名人のように想像力を駆使して、遠大な計画のそれぞれの段階にぶつかる障害を予想し、どのような反撃にあうかを思い描いて、素晴らしいと思える案をつぎつぎに棄てていく。精神力がきわめて強く、ユートピアの計画を安易に組み立てる無責任な人物とは性格が正反対である。無責任な人物は、チェスが下手なものが大胆さを発揮し、白の駒も黒の駒も自分で動かして、チェスの難解な問題をあっという間に解決するような手を使っているのだ[1]」

（注1）「経済的騎士道の社会的な可能性」エコノミック・ジャーナル誌（一九〇七年）第十七巻九ページ

偉大な企業家、個人主義の達人の姿を見事に描いた文章である。芸術家など、優れた才能をもつ人物がみなそうであるように、自分の目的を追求することで、社会の役に立っている。しかしこうした企業家も、いまでは落ちた偶像になっている。企業家に任せておけば、手を取って天国に導いてくれるのかどうか、みなが疑問をもつようになってきた。

以上のいくつもの要因が、現在の考え方の傾向、精神構造、正統的な見方に寄与している。当初は圧倒的な説得力をもっていた論拠の多くが、いまでは力を失っているが、それでもよくみられるように、結論だけが力を維持している。公益のために社会的な行動をとるべきだと、シティの金融関係者に提案するのは、六十年前に高位の聖職者と『種の起源』について議論するようなものだ。まず返ってくるのは、理性的な反論ではなく、感情的な反発である。正統的な見方を疑ったのであり、主張に説得力があるほど、相手の怒りは大きくなる。とはいえ、以上でわたしは怪物が眠っている穴に入りこみ、その主張と系譜を調べあげ、怪物がわたしたちを支配してきたのは、世襲してきた権利があるからであって、実力があるからではないことを示してきた。

Ⅳ

さまざまな時期に自由放任の教義を基礎づけてきた形而上学の原理や一般的な原理を、ここで一掃しようではないか。個人が経済活動に関して、慣行として「自然な自由」を与えられているというのは、事実ではない。もてるもの、取得せるものに恒久的な権利を与える「社会契約」は、実際には存在しない。世の中が、私益と公益がつねに一致するように天上から統治されているというのは、事実ではない。現実に私益と公益が一致するように地上で管理されているというのも、事実ではない。洗練された自己利益がつねに公共の利益になるように作用するというのは、経済学の原則からの推論として、正しくはない。自己利益がつねに洗練されているというのは、事実ではない。個人が独立して自分の目標を追求するとき、あまりに無知かあまりに無力なために、自分の目標すら達成できない場合の方が多い。事実をみていけば、個人が社会的な組織の一員として行動しているときには、個々人がばらばらに行動しているときより先を見通せていないとはいえない。

したがって、バークがいう「立法にあたってとくに微妙な問題の一つ、つまり、国が公共の英知を使って指揮を引き受けるべき点は何で、干渉を最小限に抑えて、個人の努力に任せるべき点は何なのかを判断する問題」[1]は、抽象的な理論によって解決することはできず、その是非を詳細にわたって検討していかなければならない。ベンサムがいう「なすべきこと」と「なさざるべきこと」を区別すべきであり（いまでは忘れ去られているが、有益な用語だ）、その際には、政府の干渉は「一般に不必要で」、しかも「一般に有害だ」とするベンサム流の予断をもたないようにするべきである。[2]おそらく、経済学者にとってはいまの段階で、政府が「なすべきこと」と「なさざるべきこと」をあらためて区別するのが、主要な課題になっている。これに関連して、政治学者にとっては、「なすべきこと」を達成できる政府の形態を、民主主義の枠内で考案することが課題になっている。二つの例を使って、考えている点を描いていこう。

（注1）ジョン・R・マカロック『経済学原理』に引用されている。
（注2）ベンサム『経済学綱要』、死後に一八四三年のボーリング版『著作集』で刊行された。

(1) 多くの場合、管理と組織の単位として理想的な規模は、個人と現代国家の間のどこかにあると思う。したがって、国のなかで半ば自治的な組織が成長し、認められていくことが進歩の道筋になると考える。こうした組織は、みずからの分野で行動するにあたって、みずからが理解する公益だけを基準にし、私益に基づく動機を考慮の対象から除外するべきである。もっとも、利他的な見方の範囲がもっと広がるまでは、それぞれの集団や階級、団体の利益を図る余地をある程度残しておく必要があるかもしれない。こうした組織はまた、日常業務では、決められた範囲内でほぼ自治組織として活動するが、最終的には議会を通じて表現される民主制度の主権に従うべきである。

これはいうならば、独立した自治組織という中世の概念に戻るべきだという提案である。しかしイギリスでは、いずれにせよ自治組織が統治の形態として重要でなくなったことはなく、現在の制度にも調和している。既存の組織のなかから、独立の自治組織として、提案した形態をすでに達成しているか、それに近づいている実例をあげるのは簡単である。大学、イングランド銀行、ロンドン港管理公団などがあり、おそらく、鉄道各社を加えることもできるだろう。ドイツにも間違いなく、同様の実例がある。

だが、それ以上に興味深いのは株式会社の動向である。株式会社はある年数と規模に達すると、公的な法人という性格に近づいていき、個人主義の民間企業という性格を失っていく。過去数十年の動きのなかで、とくに興味深いが注目されていないものに、大企業が社会的な組織に変わってきた事実がある。大企業が成長してある地点に達すると、大手鉄道会社や電力・ガス会社ではとくにそうだが、大手の銀行や保険会社でも、資本の所有者である株主が経営にほとんど関与しなくなり、その結果、巨額の利益をあげることに対して、経営陣がもつ直接の個人的な利害関心はまったく二次的になる。この段階になると、経営陣にとっては、会社の全体的な安定と評判の方が、株主利益の最大化よりも重要になる。株主は適切とされてきた水準の配当で満足するしかない。経営陣はこの水準の配当を確保すれば、世論や顧客の批判を避けることに直接の関心を向ける場合が多い。規模が大きいか、半ば独占的な地位を確保しているために世間に注目され、世論の攻撃を受けやすい企業ではとくにそうだ。理論的には民間の個人株主の財産であって、何の制約も受けないはずの企業のなかでこの動きが極端になった例としては、イングランド銀行があげられる。イングランド銀行総裁が政策を考えるとき、イギリス国民のなかで、株主ほど小さな配慮しか払わない階層はないといってもいいほどである。株主の権利は、通常の配当を受け取る権利を除けば、ほとんどないといえるほどになっている。多くの大企業でも、ある程度まで同じ状況になっている。時間の経過とともに、大企業は社会的な組織に変化していくのである。

しかしこれは利点ばかりの動きではない。同じ原因から保守主義が強まり、企業の活力が弱まる。じつのところ、こうした事例にはすでに、国家社会主義の欠点の多くと利点とがあらわれている。とはいえこれは、進化の自然な道筋だと思われる。無制限の私益に反対する社会主義の戦いは、細かくみていけば、時々刻々勝利を積み重ねているのである。この点はいまや、切迫した問題ではなくなっている（他の点ではいまでも問題は深刻だが）。たとえばイギリスでは、鉄道を国有化すべきかどうかが政治上の重要な問題だとされているが、実際には国内経済の再編という観点でみて、まったく重要性をもっていない。

多数の大企業、とくに電力・ガス会社など、巨額の固定資本を必要とする企業がいままでも、半ば社会的な組織へとさらに変化していく必要があるのは確かだ。しかし、この半社会主義の形態については、柔軟に考えておくべきである。時代の風潮を十分に活用すべきであり、おそらくは、閣僚が直接に責任を負う中央政府機関よりも、半ば自治的な組織の方が好まれるはずである。

わたしが教条的な国家社会主義を批判するのは、人間の利他的な衝動を社会に役立てようとするからではないし、自由放任の思想から離れるからではないし、巨額の金を儲ける自然な自由を奪うからではないし、大胆な実験を行う勇気をもつからでもない。これらの点にわたしは拍手を送る。わたしが批判するのは、現に起こっていることの重要性を見落としているからだ。国家社会主義はじつのところ、百年も前の誰かの主張に対する誤解に基づいて、五十年前の問題を解決しようとした計画がほこりをかぶって残されているのと、大差はないからである。十九世紀の国家社会主義はベンサム、自由競争などから生まれており、十九世紀の個人主義を裏付けているのと同じ哲学を、ある部分では明確にし、ある部分では混乱させた思想である。どちらも、もっぱら自由を強調しており、十九世紀の個人主義が否定的に、既存の自由に対する制限に反対するのに対して、国家社会主義は積極的に、自然独占と既得の独占を打破するよう主張する。どちらも、同じ思想背景に対する反応であって、方向が違うだけなのだ。

(2) つぎに、政府が「なすべきこと」の基準のうち、近い将来に行うのが望ましいし、緊急の課題でもある点にとくに関連するものを取り上げる。その際には、社会的なものに分類すべき業務を、個人的なものに分類すべき業務から切り離すことを目標にしなければならない。国が「なすべきこと」のうち、とくに重要な点は、民間の個人がすでに遂行している活動ではなく、個人の領域から外れる機能、国が行わなければ誰も行わない決定に関連する。政府にとって重要なのは、民間の個人がすでに実行している活動を行うことではないし、それを少しばかり上手に、あるいは少しばかり下手に行うことではない。現状ではまったく手が付けられていない活動を行うことである。

現実的な政策についての議論は、本論の目的の範囲を超えている。したがって、とくに考えている問題のなかから、ここで意図している点を示す例をいくつかあげるだけにする。

いまの時代にとくに重要な経済的害悪の多くは、リスクと不確実性、無知の結果である。境遇か能力に恵まれた個人が不確実性と無知を利用できるために、そして、同じ理由で、大規模な事業が富籤《とみくじ》のようになっていることが多いために、富の格差が大きくなっている。同じ理由でさらに、労働者が失業し、事業上の当然の予想が裏切られ、効率性と生産が損なわれている。しかし、この病の治療は、個人が行える範囲を超えている。病が重くなるようにする方が、個人にとって利益になる場合すらあるのだ。わたしの見方では、治療のために第一に、通貨と信用を中央機関で慎重に管理するべきである。第二に、事業活動に関連するデータを大規模に収集して公開するべきであり、必要なら法律を整備して、企業に関して知る価値のある事実をすべて公開するべきである。この方法をとった場合、社会が適切な機関を通じて、民間企業内部の複雑な問題を対象に強制的な情報収集を行うことになるが、民間の活力と企業活動を制約することはないだろう。これらの手段が不十分だった場合にも、現在よりも優れた知識に基づいて、次の一歩を踏み出せるようになるだろう。

第二の例は貯蓄と投資に関するものである。社会全体の貯蓄の望ましい規模について、社会の貯蓄のうち対外投資の形で国外に向けられる部分の望ましい規模について、そして、現在の投資市場の組織によって、国にとってとくに生産的な部分に貯蓄が分配されているかどうかについて、しっかりした判断を協力して下す仕組みが必要だと思う。現在は民間の判断と民間の利益によって偶然に決まるに任されているが、この状態を続けるべきだとは思わない。

第三の例は人口である。各国が適切な人口の規模について、現在より多い方が良いのか、少ない方が良いのか、同じが良いのか、十分な検討を加えて国の政策を確立すべき時期がきている。この政策を確立すれば、実行に移すための手段を講じるべきである。少し後には、社会全体が将来の人口とともに、国民の素質にも注意しなければならない時期がくるだろう。

V

以上では、集団的な行動によって、近代資本主義の管理の技術を改善する可能性について論じてきた。どの案にも、資本主義の基本的な性格だと思われるもの、つまり、個々人がもつ金儲けと金銭愛の本能を強く刺激し、経済の主要な原動力として利用する性格と激しくぶつかりあう点は何もない。また、本論の終わりにここまで近づいた段階で、他の分野に話を広げることはできない。しかし、結論として指摘しておくべきだと思える点がある。今後何年かに意見がとくに激しくぶつかりあい、とくに深く対立するのは、どちらの側の主張も主に経済の分野に収まる技術的な問題ではなく、適切な言葉がないために、心理的、あるいは倫理的というしかない問題になるだろう。

アメリカにはないと思うが、ヨーロッパには、少なくともヨーロッパの一部には、社会の基礎として、現在行っている程度まで個人の金銭動機を育成し、奨励し、保護することに対して、かなり広範囲な反発が潜在している。社会の問題を扱うとき、金銭動機の利用を最大限にするのではなく、最小限に抑える方法を選ぶかどうかは、完全に論理的に決める必要はなく、事実を比較検討した結果に基づいて決めることもできよう。各人は選択した職業によって、日常生活で金銭動機が大きな位置を占めている場合もあれば、小さな位置しか占めていない場合もある。また、歴史家は、社会組織の違う段階には、金銭動機が現在よりはるかに小さな位置しか占めていなかったことを指摘してくれるだろう。ほとんどの宗教、ほとんどの哲学は、主に個人の金銭的な利益を考える生き方に、控えめにいっても反対している。反面、現在ではほとんどの人は禁欲の見方を拒否しており、富に確かに利点があることを疑っていない。さらに、金銭動機がなければうまくいかないこと、一部には確かに濫用されている場合があるものの、金銭動機が役割をうまく果たしていることは明白だと思っている。このため、普通の人は金銭動機の問題から関心をそらしており、混乱した問題の全体について実際にどう考え、どう感じているのか、はっきりとは分かっていないのが現実である。

考えと感情が混乱しているため、語ることも混乱している。多くの人が、実際には生活様式としての資本主義そのものに反対しているのに、資本主義自体の目標を達成する点で効率が悪いことを根拠に反対しているかのように語っている。逆に、資本主義の熱心な支持者は往々にして極端なまでに保守的になっており、実際には資本主義を強化し、維持するのに役立つ可能性があっても、資本主義から離れる第一歩になりかねないと恐れて、技術的な改革を拒否している。とはいえ、いずれ時期がくれば、資本主義を効率的かどうかという技術的な観点での議論と、資本主義そのものが望ましいか望ましくないかという観点での議論とを、現在よりはっきりと区別できるようになるだろう。わたし自身の見方をいうなら、資本主義は賢明に管理すれば、現時点で知られているかぎりのどの制度よりも、経済的な目標を達成する点で効率的になりうるが、それ自体としてみた場合、さまざまな点で極端に嫌悪すべき性格をもっていると思う。いまの時代に課題になるのは、効率性を最大限に確保しながら、満足できる生活様式に関する見方とぶつからない社会組織を作り上げることである。

前進のつぎの一歩は、政治的な扇動や早まった実験ではなく、思想の面で達成されなければならない。まずは自分自身の感情をはっきり理解する努力が必要だ。現在では、同情と判断とが分裂する傾向があり、そうなれば苦痛に満ち麻痺した精神状態になる。行動の分野で改革論者が成功を収めるには、知的な判断と感情とが一致する形で、明確な目標を一貫して追求できるようにすることが不可欠である。現在の世界には、正しい目標を正しい手段で追求していると思える政党はない。物質的に貧しい状態では、変化を求める動機はあるが、実験を試みる余裕はほとんどない。物質的に豊かな状態では、実験に賭けても安全だと思える状況になるが、今度は変化を求める動機が失われている。ヨーロッパには行動に必要な手段がなく、アメリカには行動に必要な意思がない。いま必要なのは、新たな確信であり、外部の事実と内部の感情を率直に検討していけば、そういう確信が自然に生まれてくるだろう。

＊レナード・ウルフとバージニア・ウルフによってホーガース・プレスから出版された『自由放任の終わり』（一九二六年）の全文

未来
(The Future)

孫の世代の経済的可能性（一九三〇年）

I

わたしたちは経済について、悲観論の重い発作に見舞われている。いまよく聞くのは、こういう意見だ。十九世紀には経済の大幅な進歩が特徴になったが、その時代はもう終わった。生活水準の向上はこれまでの急速なペースが低下しており、少なくともイギリスではそうだ。今後十年には、経済的に豊かになる可能性より貧しくなる可能性の方が高い。そういわれているのである。

これは、いま起こっていることをまったく誤解した見方だと思う。いま苦しんでいるのは、年をとってリューマチにかかったためではない。急速な変化による成長痛のためであり、経済の一つの段階からつぎの段階に移行する際の調整が痛みを伴うためである。技術の効率が急速に高まって、労働力の吸収という問題を処理しきれなくなっている。生活水準の向上のペースも若干速すぎた。世界の銀行制度と通貨制度に問題があって、金利が急速には低下せず、均衡水準の低下に追いつけなくなっている。こうした状況にありながらも、それによる浪費と混乱は国民所得の七・五パーセント程度に収まっている。もっと賢明な方法をとれば一ポンドが得られるのに、そのうち七・五パーセントにあたる一シリング六ペンスを無駄にし、十八シリング六ペンスだけを得ている。とはいえこの十八シリング六ペンスが、五年か六年前の一ポンドに相当する価値をもっているのである。誰もが忘れているが、一九二九年には、イギリス産業の生産量は過去最高になったし、貿易収支の黒字額、つまり輸入代金を支払った後に新規の対外投資にあてられる金額は、世界のどの国よりも多く、アメリカより五十パーセント多かった。他国との比較が重要だというのであれば、たとえばイギリスの賃金を半分に引き下げ、国の債務の五分の四について支払いを拒絶し、余剰資金を六パーセント以上の金利で貸し出すのではなく、金利のつかない金で退蔵すれば、いまや羨望の的になっているフランスに似てくる。だがこれが改善だといえるのだろうか。

世界的な不況が起こり、物不足が蔓延する世界で失業者があふれる異常な事態になり、悲惨な間違いをおかしてきたことから、表面にはあらわれない部分で進行している動き、いいかえるなら現在のトレンドを、正しく解釈するのが難しくなっている。なぜかというと、わたしの予想では、いまもてはやされている二つの正反対の悲観論はどちらも、わたしたちが生きている間に間違いであったことが証明されるとみられるからである。一方には革命派の悲観論があって、事態が極端に悪くなっているので、暴力的な変化以外に救われる道はないと考えている。他方には反動派の悲観論があって、経済と社会の均衡がきわめて危うくなっているので、何らかの方法を試すリスクをとることなどできないと考えているのである。

しかし、この小論では現在や近い将来について検討するのではなく、短期的な見方から自由になって、遠い将来を考えることを目的にしたい。百年後の世界、二〇三〇年ごろの世界には、人びとの生活は経済的にみて、どのような水準になっていると予想できるのだろうか。孫の世代の経済的可能性は、合理的にみて、どのように考えられるだろうか。

記録が残されている最古の時代、たとえば紀元前二〇〇〇年ごろから比較的最近の十八世紀初めまで、世界の文明の中心地に住む庶民の生活水準は、それほど大きく変わっていない。生活水準が上昇する時期と低下する時期は確かにあった。伝染病や飢饉、戦争の時期があった。黄金の時期もあった。しかし進歩はしていない。変動があっただけだ。たとえば西暦一七〇〇年までの四千年間でみれば、他の時期より生活水準が五十パーセント高い時期はあったし、百パーセント高い時期もあっただろうが、それが精一杯だった。

このように進歩が遅かったのは、いや、進歩がなかったのは、二つの理由があったからだ。第一に、技術の重要な進歩が驚くほどなかった。第二に、資本の蓄積がなかった。

有史以前の時代から比較的最近まで、技術の重要な進歩がなかった点は、ほんとうに驚くべきことだ。ほんとうに重要な技術で、近代の初めにあったものはすべて、有史時代の黎明期にすでに知られていた。言語、火、いまと同じ家畜、小麦、大麦、葡萄とオリーブ、犂《すき》、車輪、オール、帆、革、亜麻布と毛織物、煉瓦と壺、金と銀、銅と錫、鉛（鉄が紀元前一〇〇〇年までに加わった）、銀行、政治、数学、天文学、宗教である。これらがいつから使われるようになったのかは、記録に残されていない。

はるかな昔、最後の氷河期が訪れる以前の温暖な間氷期だった可能性すらあるが、有史以前に現在に匹敵するような進歩と発明の時期があったはずである。しかし有史時代の大部分には、こうした時期はなかった。

近代が幕を開けたのは、十六世紀に資本の蓄積がはじまってからだと思う。ここでは議論を簡潔にするために理由は述べないが、資本の蓄積がはじまったのは当初、物価が上昇し、それに伴って利益が増加したためであり、物価上昇はスペインが金と銀を新世界から旧世界に持ちこんだ結果だと考えられる。その時点から現在まで、複利による蓄積の力が長期にわたる休眠から覚め、強さを回復している。そして、二百年にわたる複利の力は想像を絶するほどである。

例として、わたしが計算した数値を示しておこう。イギリスの対外投資残高は現在、約四十億ポンドだと推定される。この投資は約六・五パーセントの利回りで所得を生み出している。そのうち半分は国内に持ち込まれて、消費に使われている。残り半分にあたる三・二五パーセントは海外で再投資し、複利で蓄積している。このような状況がすでに三百五十年ほど続いているのである。

三百五十年というのは、一五八〇年にフランシス・ドレイクがスペインから奪って持ち帰った金銀がイギリスの対外投資の起源になったとみられるからである。この年、ドレイクはゴールデン・ハインド号での世界一周の航海を終え、莫大な略奪品を積んでイングランドに戻ってきた。エリザベス女王は、この航海の資金を提供したシンジケートにかなりの比率で出資していた。この分配金を使って、イングランドの対外負債をすべて返済し、財政赤字を解消した後に、約四万ポンドの資金が残った。女王はこれをレバント会社に投資し、同社は繁栄した。同社の利益を使って、東インド会社が設立された。この偉大な企業の利益が、その後、イギリスの対外投資の基礎になった。当初の四万ポンドが三・二五パーセントの複利で蓄積していくと、さまざまな時点でのイングランドの対外投資残高にほぼ等しくなり、現時点では前述の対外投資残高、四十億ポンドに近くなる。したがって、ドレイクが一五八〇年に持ち帰った一ポンドがいまでは、十万ポンドになっているのである。複利にはこれほどの力があるのだ。

科学と技術的発明の偉大な時代が十六世紀にはじまり、十八世紀に加速し、十九世紀初め以降には奔流になっている。石炭、蒸気機関、電気、石油、鋼、ゴム、木綿、化学工業、自動機械、大量生産方式、無線、印刷、ニュートン、ダーウィン、アインシュタインをはじめ、何千もの偉大な発明や偉大な人物があらわれており、あまりによく知られているので、ここに列挙する必要もないほどである。

その結果、どうなったのか。世界の人口が大幅に増加し、その分、住宅や生産設備を増やす必要があるなかでも、ヨーロッパとアメリカの生活水準は平均して約四倍になったとみられる。資本の伸び率は過去のどの時代とくらべても、百倍をはるかに超えている。そして今後は、これまでほどの人口の増加を予想しなくてもよくなっている。

資本がたとえば、年に二パーセントの率で増加していけば、世界の資本設備は二十年間にほぼ一・五倍になり、百年間では七・五倍近くになる。この数値を住宅や輸送機器などの物質的なもので考えてみるといい。

そのうえ、製造業と運輸業での技術革新が、過去十年には歴史上のどの時期よりも急速になっている。アメリカでは製造業の一人当たり生産量は、一九二五年には一九一九年より四十パーセント多くなった。ヨーロッパでは一時的な障害があって、ここまで高い伸びにはなっていないが、それでも技術的な効率性が年に一パーセントを超える率で高まっているとみて間違いないだろう。革命的な技術変化はこれまで、主に鉱工業で起こっていたが、近く、農業でも起こると予想させる事実があらわれている。食料の生産でも近く、製造業、鉱業、運輸業でみられたのと変わらないほど大幅に、効率性が向上するともみられる。近い将来に、つまりわたしたちが生きている間に、農業、鉱業、製造業の生産をすべて、これまでの常識と比較して、わずか四分の一の労働で達成できるようになるだろう。

短期的には、このきわめて急速な変化のために世界は打撃を受け、解決が難しい問題にぶつかっている。進歩の先頭に立っているわけではない国の方が、打撃が大きくなっている。いま、世界は新しい病にかかっているのであり、聞いたことがなかった病名だという読者が多いだろうが、今後何年かに頻繁に聞くことになるだろう。技術的失業というのがその病名である。省力化の手段を見つけだすペースが速すぎて、労働力の新たな用途を探すのが追いつかなくなるために起こる失業が、技術的失業である。

しかしいまは、一時的に調整がうまくいっていないにすぎない。以上の点が意味するのは、長期的にみて、人類が経済的な問題を解決しつつあることだ。百年後の二〇三〇年には、先進国の生活水準は現在の四倍から八倍の間になっていると予想される。たったいま分かっている点から考えても、これは驚くような予想ではまったくない。はるかに大幅な進歩の可能性を予想しても、愚かだとはいえない。

II

ここでは百年後に、経済的にみた生活水準が平均して、現在の八倍になると想定して議論を進めることにしよう。この想定には驚くような点は何もないと断言できる。

人間のニーズには限りがないと思えるのは事実だ。だがニーズには二つの種類がある。第一は、絶対的なニーズであり、周囲の人たちの状況がどうであれ、必要だと感じるものである。第二は、相対的なニーズであり、それを満たせば周囲の人たちより上になり、優越感をもてるときにのみ、必要だと感じるものである。第二の種類のニーズは、他人より優位に立ちたいという欲求を満たすものであって、確かに限りがないともいえる。全体の水準が高くなるほど、さらに上を求めるようになるからだ。しかし、絶対的なニーズは、限りがないとはいえない。おそらくは誰もが考えているよりはるかに早い時期に、絶対的なニーズが満たされ、経済以外の目的にエネルギーを使うことを選ぶようになる時期がくるとも思える。

結論を述べよう。この結論について、じっくりと考えていくと、想像するだけで驚くべきことだと思えてくるはずである。

結論として、大きな戦争がなく、人口の極端な増加がなければ、百年以内に経済的な問題が解決するか、少なくとも近く解決するとみられるようになるといえる。これは将来を見通すなら、経済的な問題が人類にとって永遠の問題ではないことを意味する。

これがどうして驚くべきことだといえるのだろうか。なぜなら、将来ではなく過去をみていくなら、経済的な問題が、生存競争が、これまでつねに人類にとって主な問題であり、とくに切迫した問題だったからである。いや、人類だけではなく、もっとも原始的な生命が誕生して以来、生物界全体にとってつねに主な問題、とくに切迫した問題だったのである。

したがって人類は自然によって、人間がもつ衝動や根深い本能によって、経済的な問題を解決する目的に適した方向に進化してきたのである。経済的な問題が解決されれば、人類は誕生以来の目的を奪われることになろう。

これは良いことなのだろうか。人生の真の価値を信じているのであれば、少なくともこの見通しから良い結果が生まれる可能性がある。しかしごく普通の庶民は、数え切れないほどの世代にわたって教え込まれてきた習慣と本能を、わずか数十年の間に放棄するよう求められることになりうるのだから、この再調整はとんでもなく困難だと思える。

今風の言葉を使うなら、「ノイローゼ」が一般的になると予想しなければならないのだろうか。この点についてはすでに、小規模な実験が行われている。ある種のノイローゼがすでに、イギリスとアメリカでは裕福な階級の夫人の間で一般的になっている。こうした夫人の多くはある意味で不幸な人たちであり、豊かさのために伝統的な仕事や職を奪われている。経済的な必要という刺激がなくなって、料理や掃除、繕い物には興味がもてないし、かといって、もっと興味がもてるものを見つけだすこともできない。

額に汗して働き、その日暮らしを続けているものにとって、余暇は長年の夢だが、実際に暇ができると夢から覚める。

年取った雑役婦が自分のために書いた古風な墓碑銘がある。

友よ、わたしの死を嘆かないで、わたしのために涙を流さないで

これからは永遠に働かなくてもよくなるのですから

この女性にとって、死は天国だったのだ。余暇を待ち望んだ人たちはみなそうだが、この女性もラジオを聴いて時間を過ごすことができれば、どんなに素晴らしいだろうと考えていた。墓碑銘には以下の一節があるからだ。

賛美歌と甘い音楽が天国には流れていますが
わたしは歌には縁がないのです

しかし、こうした人生に耐えられるのは、歌に縁がある人だけだろう。そして、歌える人はいかに少ないことか。

したがって、天地創造以来はじめて、人類はまともな問題、永遠の問題に直面することになる。切迫した経済的な必要から自由になった状態をいかに使い、科学と複利の力で今後に獲得できるはずの余暇をいかに使って、賢明に、快適に、裕福に暮らしていくべきなのかという問題である。

金儲けを目的として必死に働く人たちのお陰で、わたしたちはみな経済的に裕福になるかもしれない。だが、経済的な必要から自由になったとき、豊かさを楽しむことができるのは、生活を楽しむ術を維持し洗練させて、完璧に近づけていく人、そして、生活の手段にすぎないものに自分を売りわたさない人だろう。

しかし思うに、余暇が十分にある豊かな時代がくると考えたとき、恐怖心を抱かない国や人はないだろう。人はみな長年にわたって、懸命に努力するようしつけられてきたのであり、楽しむようには育てられていない。とくに才能があるわけではない平凡な人間にとって、暇な時間をどう使うのかは恐ろしい問題である。伝統的な社会の土地や習慣、大切なしきたりとの関係が切れていれば、なおさら恐ろしい問題になる。世界各地の裕福な階級が現在、どのように行動し、何を達成しているかをみれば、見通しは暗いといわざるをえない。裕福な階級はいうならば、前衛であり、後に続く人たちのために約束の地の情報を集めようと、そこにキャンプを張っているのだから。そして、この階級のほとんどの人、つまり独立した所得があるが、所属する組織や義務や義理がない人のほとんどは、課された問題の解決に惨めな失敗を重ねているように思える。

もう少し経験を積めば、新たに確認された自然の恵みを、現在、金持ちが使っているのとはまったく違う方法で使うようになり、金持ちとはまったく違う計画を自分たちのために立てるようになると、わたしは確信している。

今後もかなりの時代にわたって、人間の弱さはきわめて根強いので、何らかの仕事をしなければ満足できないだろう。いまの金持ちが通常行っているよりたくさんの仕事をして、小さな義務や仕事や日課があるのをありがたく思うだろう。しかしそれ以外の点では、パンをできるかぎり薄く切ってバターをたくさんぬれるように努力するべきである。つまり、残された職をできるかぎり多くの人が分け合えるようにすべきである。一日三時間勤務、週十五時間勤務にすれば、問題をかなりの期間、先延ばしできるとも思える。一日三時間働けば、人間の弱さを満足させるのに十分ではないだろうか。

他の分野でも、今後に予想しておくべき変化がある。富の蓄積がもはや、社会にとって重要ではなくなると、倫理の考え方が大きく変わるだろう。過去二百年にわたって人びとを苦しめてきた偽りの道徳原則を棄てることができる。人間の性格のうち、もっとも不快な部分を最高の徳として崇める必要はなくなる。金銭動機の真の価値をようやくまともに評価できるようになる。人生を楽しむための手段として、人生の現実を考えれば不可欠なものとして金銭を求めるのではなく、所有するだけのために金銭を求める見方を、ありのままに認識できるようになるだろう。つまり、少し気味の悪い病気、半ば犯罪的で半ば病的な性癖、なるべくなら専門家に治療をお願いしたいと考えるような性癖だと認識できるようになるだろう。社会の習慣と経済の慣行のうち、富の分配や経済的な報酬と罰則の分配に影響を与える部分には、それ自体ではいかに不快で不公正であっても、資本の蓄積を促す点できわめて有益なために、どのような犠牲をはらっても維持しているものがあるが、これをついに放棄できるようになる。

もちろん、その時点になっても、満たされない強烈な目的意識をもって、闇雲に富を追求しようとする人は多いだろう。こうした人たちは何か別の妥当な目標が見つかるまで、富の追求を続けるだろう。しかし、それ以外の人は、こうした人たちを賞賛し、励ます義務を負わなくなる。現時点で安全である以上に好奇心を発揮して、この「目的意識」、ほとんどの人が程度の違いこそあれ、自然によって授けられている「目的意識」のほんとうの性格を調べるようになるからである。「目的意識」とは、自分の行動について、それ自体の質や周囲に与える短期的な影響よりも、はるかな将来に生み出す結果に強い関心をもつことを意味している。「目的意識」が強い人はつねに、自分の行動が不滅のものだという偽りと見せかけを確保しようと、自分の行動に対する関心を遠い将来へと押し広げていく。大好きなのは自分の猫ではなく、その子猫である。いや、実際には子猫ですらなく、子猫の子猫であり、そのまた子猫であるという風に、猫族が果てるまで先に延ばしていく。ジャムは今日のジャムであってはならず、明日のジャムでなければならない。こうしてジャムをいつも将来に延ばしていくことで、ジャム作りの行動を不滅のものにしようと努めるのである。

ルイス・キャロルの小説『シルビーとブルーノ』にでてくる教授の話を紹介しよう。

「仕立屋ですが、お支払いをいただきにまいりました」と、ドアの向こうで弱々しい声がした。

「そうかそうか、すぐに片付くから、少し待ってくれ」。教授は子供たちにいって、こうたずねた。「今年はいくらになっているんだ」。そう聞いているときに、仕立屋は入ってきた。

少々いらだっているようだった。「もう何年も倍々に増えてますから、今年はお金をいただかないと。二千ポンドです」

「なんだ、それっぽっちか」と教授はポケットを探り、それぐらいの金額ならいつだってあるというそぶりをした。「だが、あと一年待って、四千ポンドにした方がいいのではないか。うんと金持ちになれる。望めば国王にだってなれるかもしれないぞ」

「国王になりたいのか、よく分かりませんが、確かにすごい金額ですね。だったら、あと一年待つのも……」

「そりゃあ、待つ方がいいさ。きみもたいしたもんだ。では、さようなら」

「四千ポンドも支払うのですか」と、仕立屋がドアを閉めた後にシルビーがたずねた。

「払うわけないだろう。毎年二倍に増やしていって、死ぬまで続けるさ。金が二倍に増えるんだったら、いつだって一年待つ価値はあるんだから」

おそらく偶然ではないのだろうが、霊魂不滅の約束を宗教の核心と本質に組み入れることにとくに熱心な民族は、複利の原則にとくに大きく寄与し、人間が作った仕組みのうち、とりわけ目的意識が強い複利をとくに大切にしている。

したがってわたしたちは、宗教と伝統的な徳の原則のなかでとくに確実なものに戻る自由を手に入れられると思う。貪欲は悪徳だという原則、高利は悪だという原則、金銭愛は憎むべきものだという原則、明日のことはほとんど考えない人こそ徳と英知の道を確実に歩んでいるという原則に戻ることができるのである。昔に戻って、手段よりも目的を高く評価し、効用より善を選ぶようになる。一時間を、一日を高潔に、有意義に過ごす方法を教えてくれる人、ものごとを直接に楽しめる陽気な人、労せず紡がざる野の百合を尊敬するようになる。

しかし注意すべきだ。その時期にはまだなっていない。少なくとも今後百年は、自分自身に対しても他人に対しても、きれいは汚く、汚いはきれいであるかのように振る舞わなければならない。汚いものは役立つが、きれいなものは役立たないのだから。貪欲や高利や用心深さをもうしばらく、崇拝しなければならない。これらこそが、経済的な必要というトンネルから光の当たる場所へと、わたしたちを導いてくれるのだから。

したがってわたしは、そう遠くない将来に、人類全体にとって、生活の物質的な環境にかつてなかった大きな変化が起こると期待している。しかしもちろん、この変化は徐々に起こるのであって、突然起こるのではない。じつのところ、変化はもうはじまっている。今後は、経済的な必要性という問題から実際上、解放される階級や集団が増えていくだろう。決定的な違いが認識されるようになるのは、この状況が一般的になって、隣人に対する義務が変化したときだ。経済的な目的意識が自分自身にとっては合理的でなくなっても、他人に対しては合理的な時期がしばらく続くからである。

経済的な至福の状態という目的地への歩みは、四つの要因によって決まる。人口の増加を抑制する能力、戦争と内戦を回避する決意、科学の世界で決めるのが適切な問題については科学の世界に任せる意思、資本蓄積のペースである。このうち資本蓄積のペースは生産と消費の差によって決まり、前の三つの要因があれば自然に解決される。

目的地に到着するまでの間、目的意識をもった活動に加えて、生活を楽しむ術を奨励し、実験することで、少しずつ準備を進めてもいいだろう。

しかし何よりも、経済的な問題の重要性を過大評価しないようにし、経済的な問題の解決に必要だとされる点のために、もっと重要でもっと恒久的な事項を犠牲にしないようにしようではないか。経済は、たとえば歯学と同じように、専門家に任せておけばいい問題なのだ。経済学者が歯科医と同じように、謙虚で有能な専門家だと思われるようにすることができれば、素晴らしいことである。

＊ネーション・アンド・アシニーアム誌一九三〇年十月十一日号、十八日号

繁栄への道

(The Means to Prosperity)

アメリカ版への序文

以下は、一九三三年の三月と四月にロンドンのタイムズ紙に寄稿した四本の論評と、ニュー・ステーツマン・アンド・ネーション誌に寄稿した一本の論評に基づいている。主にイギリスの状況に言及しながら論じており、取り上げた例もイギリスのものである。しかし、たいていは見逃されているものの、まったく一般的に適用できる原則を説明することを主な目的にしている。以下で論じる点は、簡単な調整を行えばアメリカに適用できる。

アメリカの読者にはとくに、「乗数」と呼ぶものを扱った第II項に注目するよう求めたい。経済システムが完全な内需型に近く、貿易の重要性が低いほど、追加支出が雇用に与える全体的な影響を算出するのに使う乗数は大きくなる。輸入による漏れが少なくなるからだ。アメリカでは、失業手当の資金を借り入れで賄う制度がなく、したがって雇用が増えたときに労働者が得られる所得は大部分、追加所得になるとみられることでも、乗数は大きいと思われる。

このため、以下でイギリスの現状に言及しながら導き出した一般的な結論は、アメリカの状況にも十二分に適用できるとわたしは予想している。

I　問題の性格

現在の貧困が飢饉か地震か戦争によるのであれば、つまり、ものが不足していて、ものを生産するための資源も不足しているのであれば、勤勉と節約と発明に努めること以外に繁栄への道を探し出せるとは期待できない。ところがよく知られているように、いま陥っている苦境はこれとは性格が違っている。物質的なものではなく、ちょっとした工夫に欠陥があり、決断と意欲へと導く動機の働きに欠陥があるために、資源と技術的な手段をもっているのに活用できなくなっているのである。公道の真ん中で二台の自動車が出会い、どちらの運転手も交通のルールを知らないために、互いに進路をふさいで身動きがとれないような状況になっているのである。運転手に腕力があっても役に立たない。自動車修理工がいても役に立たない。道路をもっと整備しても役に立たない。ほんの少し、頭をはたらかせること以外に、何も必要ではないし、何も役に立たない。

いまぶつかっている問題も、腕力や忍耐では解決できない。技術の問題ではないし、農業の問題でもない。企業経営の問題ですらない。少なくとも、個々の企業家が事業をもっと良くするために行う計算や計画や組織化という意味での企業経営の問題ではない。銀行経営の問題ですらない。少なくとも、抜け目のない判断によって取引先との長期的な関係を育み、不幸な結果になる取引を避けるための原則と方法という意味での銀行経営の問題ではない。とくに厳密な意味での経済の問題なのであり、もっと良い表現を使うなら、経済理論と政治技術との組み合わせという意味で、政治経済学の問題である。

問題の性格に注意を促すのは、対策の性格を示しているからである。いまの問題を解決するには、「工夫」と呼ぶのがふさわしいもののなかから対策を探し出すのが適切である。しかし、工夫に不審の念をいだき、工夫の効力を本能的に疑う人は多い。いまでも、現在の苦境から脱出するには勤勉、忍耐、倹約、経営方法の改善、慎重な銀行経営が必要であり、そして何よりも、工夫などという怪しげな方法を避けるべきだと信じている人が多い。しかし、こうした人たちの自動車は、いつまでたっても身動きがとれないのではないかと思う。徹夜で努力し、もっとまじめな運転手を雇い、エンジンを取り替え、道路を広げても身動きがとれない。あれこれ考えるのをやめ、相手の車の運転手と話しあい、両方の車が同時に少し左に寄るというちょっとした工夫を編み出すまでは。

何とも奇妙で理解しづらいのは、現在の状況である。ちょっとした調整、いってみれば「紙の上」のわずかな変更だけで奇跡的な効果があらわれるというのは、奇妙でも理解しづらくもない。奇妙なのは、イギリスで二十五万人の建設業労働者が失業している一方で、住宅を増やすことが物質面でとくに必要になっている事実である。直感的に疑うべきは、財政の健全性と政治の英知とを考えれば、建設労働者に住宅建設の仕事を与える方法はないと語る人の判断力である。不審の念をいだくべきは、失業者を支える重荷を負っているのだから、住宅建設の仕事を与えれば、将来にわたって重い債務を負うことになり、国が負担しきれなくなると語る政治家の計算である。そして、まともかどうかを疑うべきは、失業した造船労働者の生活を支えるために失業手当を支給しつづける方が、その経費のごく一部を使って、人類にとってとくに偉大な建造物の一つである船を建造するより安上がりだし、国富を増やす点で優れた方法だと考える人についてである。

これに対して、次項が一例だが、富を生み出せば国民所得が増え、国民所得の増加のうち、かなりの部分が税収になり、財務省にとっては歳出の大きな部分を占める失業手当が減るうえ、就業者の所得に比例する歳入が増加する利点があると少し詳しく説明すれば、読者は、議論の細部を批判する能力が自分にあると考えているかどうかにかかわらず、当然そうなるだろうと考え、常識的で直感的な判断でもそう思えると感じるはずである。

また、税金が高すぎるために目的が達成できなくなっているという主張、成果があらわれるまでの期間を十分にとれば、増税よりも減税の方が財政収支の均衡を達成できる可能性が高いという主張を聞いても、奇妙だとは感じないはずである。現在は逆の見方がとられているわけだが、これは赤字に苦しむ製造業企業が値上げを実施するようなものだからだ。値上げした後に売上が減少して赤字がさらに増えると、単純な計算に何の疑問も感じることなく、もっと値上げするのが賢明な方法だと考える。これを繰り返していけば最後に、収入と支出がどちらもなくなって収支が均衡するのだが、そうなっても、赤字のときに価格を引き下げるのは博打《ばくち》のようなものだと胸をはるのである。

いずれにせよ、積極的な行動が可能かどうか、再検討すべき時期になっているように思う。そう確信して、以下では積極的な政策の利点をさらに検討する。まずはイギリス国内の政策について検討し、つぎにロンドンで開催される世界経済会議に何を期待するかを論じていく。ロンドン会議は開催が遅れたが、そのために逆に絶好のタイミングになったともみられる。この間の苦境によって、参加国は国際的な不況対策を考える姿勢を強めたからである。世界各国は「奇跡が起こるのを待つ」姿勢、何の行動も起こさなくても事態が自然に良い方向に向かうと信じる姿勢をとらなくなってきている。

Ⅱ　国内の拡大政策

繁栄を取り戻す手段として国内の資本開発計画を支援するのをためらうのは、一般に二つの根拠に基づいている。第一は、支出する金額と比較して、創出される雇用が少ないことであり、第二は、そうした計画には通常、補助金が必要になり、国と地方の財政を圧迫することである。どちらも数量的な問題であり、正確な答えをだすのは容易ではない。しかしどちらの問題でも、一般に考えられているよりもはるかに好ましい答えになるとみられ、そう考える理由を以下で示していこう。

イギリスでは、公共工事で一人に一年間の雇用を確保するには、五百ポンドの支出が必要になるといわれることが多い。これは、公共工事で直接に雇用される労働者の数に基づいた金額である。しかし、公共工事で使われる資材や必要になる輸送でも雇用が生まれることは、容易に理解できる。この点も当然考慮すべきであり、その場合、たとえば建設工事を例にとるなら、一人を一年間、追加雇用するのに必要な支出は通常、二百ポンドと推定されている。

しかし、公共工事への支出が追加支出であって、他の支出を減らした結果でなかった場合には、雇用の増加はこれで終わるわけではない。この支出によって賃金などの所得が増え、その分が支出されることで購入が増加し、その結果、雇用がさらに増加する。国内の生産資源がすべて使われている状況であれば、購入の増加は主に物価の上昇と輸入の増加をもたらすことになる。しかし現在の状況では、そうなる部分は新たな消費のうち、ごく一部だけだろう。大部分は、国内の生産資源のうち、遊休状態のもので生産できるので、輸入量と物価にほとんど影響を与えない。さらに、労働者階級の購買力が増えて食料の需要が増加すれば、食料品価格が上昇するか、国内外の一次産品生産者の販売量が増加することになり、どちらも現状では歓迎すべき結果である。農産品の価格を引き上げる方法としては、需要の増加の方が、供給の人為的な抑制よりはるかに望ましい。

しかし、これで終わりというわけではない。新たな資本投資で雇用された人の購入増に対応して供給を増やすために新たに雇用された人は、やはり支出を増やし、その結果、新たな雇用を生み出すのであり、この過程がどこまでも続いていく。この波及の事実に気づいた論者の一部は、熱心さが行きすぎて全体的な結果を大幅に過大に見積もり、こうして創出される新規の雇用を制約する要因は、所得を受け取ってから支出するまでの期間、いいかえれば通貨の流通速度だけだとすら想定している。残念なことだが、事実はそこまで素晴らしくはない。各段階で、いうならばある比率の漏れがあるからだ。それぞれの段階には、所得の増加のうちある比率で、新規の雇用につながらない部分がある。たとえば、所得の一部は貯蓄に回される。一部は物価の上昇をもたらし、その結果、他の消費を減らす結果になる（ただし、生産者は利益が増加するので、その一部で支出を増やすことになる）。一部は輸入品の購入に使われる。一部はそれまで、失業手当や民間の慈善団体からの受け取り、貯蓄の取り崩しによって、いずれにせよ支出されていたものだろう。そして一部は財務省の税収になり、納税者の負担を同じ金額だけ軽減する措置はとられないだろう。したがって、何段階にもわたる影響の純額を合計するには、これらの要因によって各段階で失われる部分の比率について、適切な想定を行う必要がある。この想定に興味があるのであれば、エコノミック・ジャーナル誌一九三一年六月号に掲載されたR・F・カーンの論文を参照してほしい。

明らかな点だが、適切な想定は状況によって大きく違う。遊休状態の生産資源がほとんどない状況であれば、前述のように、支出の増加は大部分、物価の上昇と輸入の増加をもたらすだけになる（新規建設ブームの後期には、そうなるのが普通である）。また、失業手当が就業者の賃金と変わらないほど高水準であり、借り入れによって支払われていれば、波及効果はほとんどないだろう。これに対して現状では、失業手当は税収から支払われていて、借り入れに依存していないので（失業手当の総額が減少すれば、納税者の購買力が増加するとも予想できるので）、この項目で差し引く比率を大きく想定する必要はない。現在の状況でどのような結果になるかを少し詳しく検討してみよう。

借り入れの増額で賄われる支出の総額を「第一次支出」と呼び、第一次支出で直接に創出される雇用を「第一次雇用」と呼ぶことにしよう。前述のように、わたしは何人かの論者の推定に従って（この推定が概算としてほぼ適切であることを疑う理由を示した人はいないので）、二百ポンドの第一次支出によって一人一年間の第一次雇用が生まれると想定した。以下の議論は、借り入れの目的が公共工事の資金調達であっても、民間事業の資金調達であっても、減税であっても違いはない。以上のいずれの場合にも、第一次支出が何段階にもわたる波及効果をもたらし、第二次雇用と呼べるものが生まれる。ここでの問題は、ある金額の借り入れによる追加支出で創出される雇用を、第一次雇用と第二次雇用の合計として確認することである。いいかえれば、第一次雇用に対する総雇用の倍率を示す乗数を確認することである。

借り入れによって、百ポンドの第一次支出が追加されたとき、この支出は二つの部分に分けられる。第一は、何らかの理由でイギリス国民（アメリカの政策を考えるときにはアメリカ国民）の追加所得にならない部分である。ここに入るのは主に、①輸入資材の代金、②新たに生産されるのではなく、移転されるだけの財の代金（たとえば、土地の代金や、在庫から販売され、補充されない資材の代金）、③労働者と生産設備という生産資源のうち、利用が増加するのではなく、他の仕事から振り向けられるだけの部分に支払われる代金、④賃金コストのうち、借り入れによる失業手当の支払いと置き換わった部分である。第二は、イギリス国民の追加所得になる部分であり、これも貯蓄される部分と支出される部分の二つに分かれる（この場合の支出は、支払いを受けたものによる直接の支出の総額であり、耐久財の生産のための支出を含む）。

乗数を推定するには、この二つの比率を推定するだけでいい。支出のうち、国民の誰かの追加所得になる部分の比率と、追加所得のうち支出に向けられる部分の比率である。この二つの比率を掛けて得られる数値が、当初の効果に対する第一次の波及効果の比率である。当初の支出に対する第二次の支出の比率をあらわすからである。第一次の波及効果に対する第二次の波及効果は、当初の効果に対する第一次波及効果の比率と同じになり、第三次以下の波及効果も同様になると予想できるので、この比率だけで波及効果の全体を算出できる。

以上は抽象的な議論だが、具体的には以下のようになる。二年前、イギリスでは失業手当の資金をかなりの部分、借り入れで賄っていたので、支出のうち追加所得になる部分の比率を計算する際に、かなりを差し引く必要があったが、いまではその必要がなくなっている。二年後に、雇用の状況が現在より大幅に改善していれば、他の仕事から振り向けられるだけの生産資源のために、かなりを差し引くことが必要になるだろう。遊休の生産資源が少ないほど、支出が増加したときに生産資源が他の仕事から振り向けられる可能性が高くなるからだ。在庫から販売されて補充されない資材については、どの時期にも差し引きを大きくしようとは思わない。在庫が多いことはめったにないし、在庫がなくなりそうになると、すぐに補充する動きが起こるからだ。したがって、現在の条件のもとでは、支出のうち三十パーセントは何らかの理由で所得の増加をもたらさないものとして差し引き、残りの七十パーセントが誰かの当期の所得になると想定するのが適切だといえよう。

この追加所得のうち、追加支出になる部分の比率はどうだろう。賃金労働者の階級の所得になる部分については、その大部分が支出されると想定しても安全である。利益、サラリーマンの給与、専門家の収入になる部分では、貯蓄される部分の比率がもっと高い。平均を概算するしかない。現在の環境ではたとえば、追加所得の少なくとも七十パーセントが支出され、貯蓄されるのは三十パーセント以下だと想定できるだろう。

以上の想定から、第一次の波及効果は当初の効果の七十パーセントの七十パーセントだから、四十九パーセントになり、ほぼ半分になる。第二次波及効果は第一次の半分だから、当初の四分の一になり、以下も同様である。したがって、乗数は二になる。学校で学んだ無限等比級数の公式を思い出すなら、1＋1/2＋1/4…＝2 だからである。所得を得てから支出するまでに要する期間によって、各回の波及効果があらわれるまでの期間が決まる。しかし、当初の支出に第一次と第二次の波及効果を合計すると全体の八分の七になるので、波及効果があらわれるまでの遅れが深刻になることはない。

以上では、需要の増加による物価上昇は考慮する必要がないことに注意すべきだ。物価が上昇すれば、その影響で追加所得になる部分の比率が徐々に低下していく。物価が上昇するのはおそらく、生産資源の余裕がもはや十分にはない分野があり、その結果、新たな支出のうち他の仕事から生産資源が振り向けられるにすぎない部分の比率が上昇していることを示す現象だからだ。さらにおそらく、物価の上昇は利益の増加を意味するので、追加所得のうち利益の比率が上昇して賃金の比率が低下し、貯蓄される部分の比率が上昇するだろう。したがって、雇用が少しずつ回復し、物価が少しずつ上昇するとともに、乗数は少しずつ低下していく。さらに、賃金が上昇すれば当然ながら、一定の金額が賃金に支出されたときに増加する雇用者数は少しずつ減少していく。しかし、以上の変化が重要になるのは、不況対策が大きな成功を収めたときだけである。ある金額の支出を行ったときに雇用に与える影響は、現時点ではさまざまな理由から大きいが、遊休状態の生産資源が減少した後の段階にはもっと小さいと予想するのが賢明だろう。

乗数の推計値として適切なレンジを示すために、想定を変えたときに乗数がどう変化するかをみていこう。二つの比率をどちらも六十パーセントと想定すると乗数は約一・五になる。現在の状況では、どちらの比率もここまで低いとは考えにくいので、これが現状での下限だとも考えられよう。逆に、当初の支出のうち追加所得になる部分の比率と、追加所得のうち支出に向けられる部分の比率がどちらも八十パーセントだとすると、乗数は三倍近くになる（学校で学んだ公式を使えば、簡単に確認できる）。私見では、控えめに推定するべきなのは主に、支出のうち追加所得になる部分の比率であり、前述の比率よりも安心できるのは、追加支出（新たな資本投資への支出であっても、追加消費であっても）のうち、少なくとも六十六パーセントがイギリス国民の追加所得になり、追加所得のうち、少なくとも七十五パーセントが支出されるというものである。この二つの比率を引き上げるのであれば、追加所得になる部分の比率を六十六パーセントから七十パーセントに引き上げるよりも、追加支出になる部分の比率を七十五パーセントから八十パーセントに引き上げる方が安心できる。以下の議論では、六十六パーセントと七十五パーセントという二つの推定値を使うが、この場合にも乗数は二になる。アメリカの読者は、アメリカの現状でもっと適切な乗数に興味をもつだろう。個人的な見方を示すなら、アメリカの乗数は二以下ではなく、二以上だとみられる。

Ⅲ　財政負担の軽減

前項で根拠を示した想定に基づくなら、百ポンドの第一次支出によって、イギリス国民の所得は直接に、その三分の二にあたる六十六ポンド増加する。しかし、第二次以下の波及効果を加えると、所得は 66 ポンド×（1＋2/3＋4/9…）、つまり合計二百ポンド増加する。この効果によって財政負担がどこまで軽減されるのかを確認するには、第一に失業手当コストの軽減を推計し、第二に所得の増加による税収の増加を推計しなければならない。

追加所得のすべてがそれまで失業手当を受け取っていた労働者の所得になるわけではない。利益になる部分、サラリーマンの給与や専門家の収入になる部分もあるし、それまで部分的に働いていたなどの理由で失業手当を受けていなかった労働者が、仕事の増加に伴って受け取る追加賃金になる部分もある。

しかし、かなり控えめにみても、第一次支出による追加所得のうち三分の二、四十四ポンドがそれまで失業保険を受けていた労働者の賃金になると想定できるだろう。つまり、週給五十シリング(二・五ポンド)で、一人一年間の約三分の一にあたる雇用が増えると想定できる。

前項で採用した想定では、百ポンドの第一次支出で六十六ポンドの追加所得が生まれ、その七十五パーセントが支出される。この第二次支出の六十六パーセントが追加所得になり、以下も同様になる。このため、百ポンドの第一次支出によっていずれ、それまで失業手当を受けていた労働者が、一人一年間の三分の二にあたる雇用を確保できるようになる。同時に、前述のように、追加所得の合計は二百ポンドになる。しかし、想定を変えた方が現実的になると考える読者のために、各自の想定に基づいて答えを導く方法を示してきた。

これで財政負担の軽減幅を推計する用意は整った。大まかな推計では、失業手当の平均コストは通常、一人一年間で五十ポンドとされる。(1) したがって、借り入れによる百ポンドの第一次支出によって、それまで失業保険を受けていた労働者が一人一年間の三分の二にあたる雇用を確保できるので、失業手当のコストは三十三ポンド減少する。

（注1）成年男子の労働者では、これは控えめな数値である。一九三二年には、未成年者と女性を含めた全体の平均で四十八・三ポンドであった（失業者一人当たりの年間平均コストの四十四・二ポンドと、就業者一人当たり年間四・一ポンドの雇用主と雇用者の拠出金の合計）。

しかし、財政負担の軽減はこれだけではない。借り入れによる百ポンドの第一次支出で、国民所得が二百ポンド増加するからである。税収は国民所得にほぼ比例して増減する。現在、財政赤字が深刻になっているのは主に、国民所得が減少しているからである。国全体でみたとき、外国人との取引を除外すれば、所得は支出と完全に一致している（支出は消費支出と新規の資本支出の合計であり、最終需要者にわたる前の中間的な取引はすべて除外する）。所得と支出は同じことを別の言葉で表現したものにすぎない。ある人の支出は別の人の所得なのだから。

現在、国民所得の平均約二十パーセントが税金として財務省に支払われている。実際の比率は、直接税を支払う高所得者層と、間接税を負担する低所得者層の間で、新たな所得がどう分配されるかで違ってくる。また、ある種の税金では、税収が国民所得の変化に密接に相関するわけではない。こうした疑問があるので、追加所得のうち税金として財務省に支払われる部分の比率を十パーセントと想定しよう。つまり、国民所得が二百ポンド増加すると、税収が二十ポンド増加すると想定する。実際には税金を徴収するまでの間には若干のタイム・ラグ、つまり遅れがあるが、この点にかかずらう必要はない。もっともこの遅れは、単年度予算の硬直性を緩和し、いま論じている問題では一年を超える期間をとって効果を推計すべきだと主張する強い根拠になる。増税を実施してから国民所得の減少という結果があらわれるまでにはタイム・ラグがあるので、現在の予算制度には、その年度に財政を均衡させる手段をとれば次年度の財政が不均衡になる可能性が高く、その逆のことも起こりうる点で、深刻な問題があるといえる。

以上から、借り入れによる百ポンドの追加支出で、財務省は少なくとも三十三ポンドと二十ポンドを合計した五十三ポンド、借り入れによる支出の半分強の利得が得られる。これには奇妙な点や理解しづらい点は何もない。現状は、国民所得がさらに減少すれば、そのかなりの部分が失業手当の増加と税収の減少という形で財務省に降りかかる状況になっている。したがって、国民所得を増やす手段をとれば、その利益のうち、かなりの部分を財務省が得られるのは当然である。

以上の議論を、借り入れによる支出計画のうち、いま、信頼できる人たちに支持されているものに適用するなら、雇用拡大のための計画と財政均衡のための計画が両立しないという見方、さらには財政を悪化させないように、雇用拡大の政策はゆっくりと慎重に進めるべきだという見方は完全な間違いであることが分かる。事実は正反対なのだ。財政を均衡させるには、国民所得を増やす以外に方法はなく、国民所得の増加は雇用の増加とほぼ同じことなのである。

たとえば、キュナード・ラインの客船建造に七百万ポンドを投じる案を考えてみよう。これを実行すれば、財務省には少なくとも半分にあたる三百五十万ポンドの利得があり、財務省が求められている補助金の上限を大幅に上回るだろう。

あるいは、スラム街の再開発か、国家住宅局が補助金を支給する民間事業として、総額一億ポンドを住宅建設に投じる計画について考えてみよう。これによる財政負担の軽減は五千万ポンドもの巨額になり、必要とされる補助金をはるかに上回るだろう。五千万ポンドという金額に仰天し、話がうますぎると感じたのであれば、この結論を導き出した議論をもう一度、注意深く読んでほしい。それでも納得できないというのであれば、わたしがこの点をタイムズ紙の論評欄ではじめて発表した後、以上の議論の根拠をくつがえそうとする真剣な批判はまったくあらわれていないことを指摘しておきたい。

ほぼ同じ議論が、減債基金への繰り入れを中断して減税を実施する案や、借り入れを使うのが適切な事業では国債発行で資金を賄う慣行を復活させて減税を実施する案にも適用できる。たとえば、現在は道路基金が負担している道路建設費や、失業手当のうち、今後に期待する景気回復の時期に失業保険基金の黒字で回収できる部分は、借り入れで資金を賄える。減税によって納税者の購買力が高まれば、借り入れによる追加支出とまったく同じ波及効果がある。そしてある意味で、減税で購買力を高める方が健全であり、社会全体に幅広い効果がある。財務相が減債基金への繰り入れを中断し、以前に資金を借り入れるのが適切だと考えていた事業で借り入れを再開して総額五千万ポンドの減税を実施すれば、その半分の金額が失業手当の減少と減税実施後の税制のもとでの税収増とによって、財務省に戻ってくるだろう。ただし前述のように、同じ年度に戻ってくるとはかぎらないのだが。

ここで付け加えておくべき点だが、減税を実施しても、政府の支出を同じ額削減した場合（たとえば教員の賃金を引き下げた場合）には、以上の議論は適用できない。この場合、国民の購買力は純額でみて高まらず、再配分されるだけになるからである。以上の議論を適用できるのは、支出を追加したときであって、他の支出と入れ替えたときではない。資金を借り入れるか貯蓄を取り崩して支出を追加したのなら、個人によるものでも公的機関によるものでも、資本投資のためであっても減税などで可能になった消費のためであっても、適用できる。

この結論が論駁できないのであれば、この結論に従って行動するのが、賢明ではないだろうか。これとは逆に、増税や緊縮や警戒によって財政均衡を図ろうとする政策は、間違いなく失敗する。国民の購買力を減らし、したがって国民所得を減らす効果があるからだ。

以上の議論はもちろん、どちらの方向にも同じように適用できる。第一次支出を増やしたときに雇用や国民所得、財政収支に与える影響が前述の仕組みで増幅するように、第一次支出を減らしたときの影響も増幅する。そうでないとすれば、イギリスで、そしてそれ以上にアメリカで、不況がここまで厳しくなった理由を説明するのは難しいはずだ。当初はそれほど大きくなかった衝撃がこれほど破壊的な波及効果をもたらしえたように、逆の方向にそれほど大きくない刺激を加えれば、驚くほどの回復が実現する。魔術も仕掛けもない。あるのは信頼できる科学的な予言だけだ。

では、この方法が奇抜で、奇妙で、理解しづらいと感じる人が多いのはなぜなのだろう。わたしが指摘できるのは、教育や環境や伝統によって浸透している経済学の考えがすべて、意識しているかどうかにかかわらず、均衡状態にある社会、生産資源がすべて使われている社会だけに正しく適用できる理論的な想定に基づいている事実だけである。失業の問題を解決しようと試みるときに、失業はないとの想定に基づいた理論を使っている人が多いのだ。明らかに、国内の生産資源がすでにすべて使われているのであれば、現在の状況で借り入れによる支出を増やしたときに得られると説明してきた利点はいずれも、まったく期待できなくなる。その場合には、借り入れで支出を増やしても、物価と賃金が上昇するだけになり、他の仕事から生産資源が振り向けられるだけになるからである。いいかえれば、純粋にインフレ要因になる。しかしこの見方は、生産資源がすべて使われている状況ではまことに有効ではあるが、現在の環境には適用できない。現在の状況を扱うには、以上で説明してきた馴染みのない方法を使うしかない。

Ⅳ　物価の上昇

イギリス政府と、オタワ会議に参加した大英帝国の代表は、物価の引き上げを政策目標にすると明言している。どのようにしてこの目標を達成するのか。

財務相は、いくつかの発言から判断するなら、供給を抑制することで商品価格を引き上げる案に魅力を感じているようだ。確かに、一つの商品の生産者は、協力して生産を抑制すれば利益が得られるだろう。また、ある商品の市場を支配している国は、その商品の供給を制限すれば、他国を犠牲にすることによってではあるが、利益が得られるだろう。ごくまれな例では、他の商品との間で供給量の均衡が極端にくずれている商品があれば、その商品の供給の抑制を組織化することで、世界全体が利益を得られる場合もあるだろう。しかし、全体的な経済対策としては、供給の制限は無益というだけでなく、有害である。社会全体でみれば、生産を抑制した生産者が所得を失うので、供給を減らしたのと同じだけ需要が減少する結果になる。失業を減らす手段になるどころか、逆に全体として増やすことによって、社会全体にもっと均等に失業を拡散させる結果になる。

では、どのようにして物価を引き上げるのか。ごく単純だが基本的な命題をいくつかあげていけば、この点を明確に考える一助になるだろう。

(1) 商品全体でみた場合、価格を引き上げていくには、市場への供給より速いペースで商品全体に対する支出を増やす以外に方法はない。

(2) 支出が増加するのは、国民が既存の所得に対する支出の比率を引き上げるか、国民全体の購買力が何らかの方法で増えたときだけである。

(3) 既存の所得に対する支出の比率を引き上げるとき、貯蓄を減らすにしろ、資本の性格をもつものへの個人の支出を増やすにしろ、引き上げる余地はごくかぎられている。現在、所得が大幅に減っているし、税金が大幅に重くなっているので、生活水準を維持するために、生活習慣として健全だといえる水準より貯蓄を減らしている人が多い。余裕がある人には、支出を増やすよう奨励すべきであり、新しい資本財か半資本財に支出する機会がある人には、とくに支出増を奨励すべきだ。しかし、この方法で問題を解決できると信じるのであれば、問題の規模から目をそらしているのである。したがって、国民全体の購買力を増やすことを目標にしなければならない。この目標が達成できれば、一部は物価の上昇に寄与し、一部は雇用の増加に寄与するだろう。

(4)　金を生産して所得を獲得できる国は例外だが、一般には国民全体の購買力を増やす方法は二つしかない。第一は、借り入れによる支出を社会全体でみて増やすことであり、第二は、貿易収支を改善し、年間の支出のうち国内生産者の所得になる部分の比率を引き上げることである。一九二九年から三一年までの労働党政権は、ためらいがちにではあったが、そして悪条件のもとでではあったが、公共工事を増やして第一の方法を試している。一九三一年からの挙国一致内閣は第二の方法で成功を収めている。イギリスにはこの二つの方法を同時に試した例はない。

(5) しかしこの二つの方法には大きな違いがあり、世界全体でみたときに使えるのは第一の方法だけである。第二の方法は、一つの国が他国に提供している雇用と購買力を引き揚げることを意味するにすぎない。一つの国の貿易収支が改善したとき、他国のいずれかで貿易収支が悪化しているからである。したがって、この方法で世界全体の生産を増やすことはできず、世界全体の物価を引き上げることもできない。唯一の例外は、この方法の副産物として、イギリスなどの金融センターで信認が高まって、国内外への貸し出しに積極的になり、その結果、国内外で借り入れによる支出が増えるときだけである。

イギリスはごく最近まで、通貨切り下げと関税を自衛のための手段として留保していた。とうとう使わざるをえなくなったとき、これらの手段はじつに有効であった。しかし、通貨切り下げ競争や関税引き上げ競争、さらには、為替管理、輸入禁止、輸入割当制度などの一層人為的な手段で自国の貿易収支を改善しようとする動きが世界全体に広まれば、どの国も利益を得られず、すべての国が打撃を受けることになる。したがって、明らかな結論として、世界の物価を引き上げるには、借り入れによる支出を世界全体で増やすこと以外に効果的な手段はないといえるのである。そして、今回の世界的な不況の発端になったのは主に、アメリカの国内外への貸し出しに頼っていた支出が急減したことであった。

現在、人気のある対策はいずれも、借り入れによる支出を容易にする性格のものなので、人気があるのは正しいといえる。しかし、借り入れによる支出を増やす過程にはいくつかの段階がある。どれか一つの段階がうまくいかなければ、目的は達成できない。そこで読者には、秩序だった分析の試みにもう少し付き合っていただきたい。

(1) 第一に必要なのは、銀行信用が低コストで潤沢に提供されることである。これが可能になるのは、各国の中央銀行が外貨準備を十分に保有しているので不安はないと感じているときだけである。主要な金融センターに保有している預金残高が外貨準備になるとの信認が失われたことで、外貨準備の不足が大幅に激化している。世界の金の大部分が少数の中央銀行に集中したことでも、同じ結果になった。半面、金鉱山の産出量の増加やインドでの金退蔵の減少は、準備通貨の増加を意味するので、歓迎すべきことである。各国通貨の金平価切り下げも、同じ種類の対策になる。あるいは、硬直的な金平価を廃止すれば役立つだろう。中央銀行は必要なら自国通貨の為替相場の下落を許容して圧力を軽減できるので、維持したい外貨準備高の水準が低下する。銀行券発行高に対する外貨準備高の法定比率を引き下げた場合も、小幅ながら役立つだろう。

しかし以上は第一段階にすぎない。景気回復の初期には、短期の銀行信用によって資金を賄っても安全な支出はそれほどない。銀行信用の役割は、景気回復がしっかりと定着した後に、運転資本の回復のために資金を提供することである。通常なら、第一段階が確立すれば、以下の段階に自動的に進むと安心できるが、現在の状況ではそうはいかない。

(2) したがって、第二段階に達して、ほどほどに健全な借り手がいずれも、長期資金を低い金利で調達できるようにならなければならない。そのためには、中央銀行による公開市場操作、財務省による適切な国債借り換え、世論の支持を受けた財政政策による財政への信認の回復など、政府と中央銀行の政策を組み合わせる必要がある。この段階にはある種のジレンマにぶつかる。長期金利を低下させるためには、心理的な理由で、借り入れによる支出を一時的に減らす必要があるという見方が正しい可能性があるからだ。しかし、この政策の目標は借り入れによる支出を増やすことにつきるので、当然ながら、一時的な抑制を一日であっても必要以上に続けないように注意しなければならない。

第一段階に達した国はいくつかある。しかし、第二段階に達した国はイギリスだけである。この移行に成功したのは、財務省とイングランド銀行の偉大な成果である。フランスとアメリカは最近まで、イギリスよりはるかに容易に移行できる状況にあったのに、惨めな失敗を重ねているからである。

(3) しかし、第三段階が残っている。第二段階に達したなかですら、民間企業がみずから、借り入れによる支出を十分な規模で行うようになるとは考えにくいからである。民間企業は、利益が回復しはじめた後でなければ、事業を拡大しようとはしない。生産が増えはじめた後でなければ、運転資本を増やす必要はない。さらに、現代の社会では通常でも、借り入れによる支出のうち、かなりの部分は、公的機関か半ば公的な機関によって行われている。商業と鉱工業の企業が一年間に借り入れによって行う必要のある新たな支出は、景気が良い時期にもそれほど多くない。建設、輸送、公益事業がどの時期にも、借り入れによる支出のうち、きわめて大きな部分を占めている。

このため、第一歩は公的機関の政策によるしかない。そしておそらく、大規模な政策を断固として打ち出さなければ、現在の悪循環を打ち破って、状況の悪化を食い止めることはできないだろう。企業がつぎつぎにタオルを投げ、我慢すれば報われると期待しても無駄だとあきらめて、赤字操業を続けるのをやめているかである。

冷笑的な人のなかには、以上の議論を読んで、戦争以外の方法ではこの深刻な不況を終わらせることができないと結論づける人もいるだろう。これまで、政府が国債を大規模に発行して支出を増やしたとき、戦争が唯一の目的だったからである。平和な時期にはどのような問題でも、政府は臆病で、慎重すぎて、ためらいがちな姿勢をとり、忍耐強い姿勢や断固とした姿勢はとっておらず、国債は負債だと考え、社会で余剰になっている資源が無駄になるのを防いで、有益な資本資産を築く手段になるとは考えない。

平和な時期の課題にも、イギリスが活力をもって対応できることを政府が示すよう期待したい。十万戸の住宅を建設すれば国にとって資産になり、一方、百万人の失業者は国にとって負債であることを認識するのは難しくないはずである。

(4) しかし、ここでのテーマは世界の物価の引き上げであり、そのためには第四段階が必要である。借り入れによる支出の好影響が世界全体に波及しなければならない。そのために何をすべきかが、次項の主題である。

V　世界経済会議への提案

世界の物価を引き上げるには、世界全体で借り入れによる支出を増やす以外に方法はないというのが、以上で得られた結論である。これをどう達成するかを、世界経済会議（ロンドン会議）の中心テーマにするよう提案したい。わたしの見方では、そのために役立ちうる手段は三つあり、三つしかない。

(1)　第一は、おそらくとくに明白な手段であり、直接の対外貸し付けである。過去に慣れ親しんできたのと同じ方式で、国際収支に余裕があるか金準備が過剰な金融大国から、力の弱い債務国に貸し付ける。

対外貸し付けの機会が開かれており、この伝統的な政策に戻る時期がきているのかもしれない。しかし現在、対外貸し付けが世界経済の回復をもたらす大きな要因になりうると考えるのは、現実離れしている。貸し付けの能力がとくにある国は、とくに貸し付けを行いそうにない。また、民間投資家がこの種のリスクを新たにとると期待するのも適切だとはいえない。これまでとってきたリスクで大きな損失を被っているのだから。

(2) 第二はもっと有望な手段であり、金融大国が「II 国内の拡大政策」の項で推奨した線に沿って借り入れによる支出を国内で増やすことである。こうした支出には二重の利点があるからだ。国内で生産された商品に対する支出を生み出す部分では、当初の支出が雇用に与える波及効果が何倍かに増幅されていく。輸入品に対する支出を生み出す部分では、同様の波及効果が海外で生まれ、輸入相手国の立場を強化して、イギリスからの輸入を増やし、国内で借り入れによる支出を増やせるようになる。こうして経済が動き出すだろう。

したがって、利用できる資源を対外貸し付けに使うより、輸入を増やすための資金として使う方が効果的だともみられ、国内で借り入れによる支出を増やす大胆な政策をとれば、輸入が増加するとみられる。この手段をとれば、外国にとって第一の手段と変わらないほど利益になるだろうし、国際間の債務を増やすよりはるかに健全である。

(3) しかし以上の手段でも、数量的な効果を考えると、世界の物価を引き上げるという課題に対して、どうみても絶望的なほど小さなものでしかないと思えてくる。世界の物価を適切な期間内に十分に引き上げられるという見通しに確信がもてるようになるには、多数の国がほぼ同時に減税を実施し、借り入れによる支出を増やす以外に方法はないと思える。多数の国が支出を増やす動きをとるとき、それを同時に行うことがとりわけ重要だと考えるべきである。なぜなら、各国は借り入れによる支出を自国だけが増やした場合、貿易収支に圧力がかかると恐れているが、他国も同時に同じ動きをとれば、この圧力が相殺されるからだ。単独で行動をとるのは賢明ではないだろう。しかし各国が同時に協調行動をとれば、危険はない。

これで議論を一段階進めることができた。国際的な協調行動が政策の核心だと確認できた。いうならば、世界経済会議がまさに扱うべき領域に到達したのである。今回の会議の課題は、各国中央銀行の懸念を和らげ、外貨準備に対する圧力か、そうした圧力を受けるとの恐れや予想を軽減できるように、何らかの種類の共同行動を案出することにあると考える。こうした共同行動をとれば、「Ⅳ　物価の上昇」の項で示した第一段階、つまり銀行信用が低コストで潤沢に提供される段階に達する国がはるかに増えるだろう。国際行動では、馬に水を飲ませることはできない。これは各国が国内政策として取り組むべき点である。しかし、馬のために水を用意することはできる。干からびた世界を復活させるために、購買力の無数の小川をせき止めている障害を取り除くことが、世界経済会議の主要な課題である。

関税や輸入割当や為替管理の削減について、会議で格調高い決議を採択しようとしても、時間の無駄になるだろう。これらは国や帝国が意識的に追求している政策の表れでないのであれば、自衛の手段としてやむなく採用されたにすぎず、外国為替市場への圧力という病の原因ではなく、症状にすぎない。とかく会議は、症状を嘆く立派な決議を採択することを何よりも重視して、病を放置しておくものだ。イギリス政府は近く開催されるロンドン会議で、病の根源に達する具体的な提案を行って、現実的な議論ができるようにする役割を担うべきである。

積極的な対策が効果を発揮する可能性を高めるには、いくつかの前提条件を整える必要がある。第一次世界大戦の戦争債務と賠償の問題を何よりもまず解決しなければならないことでは、全員の意見が一致している。外国為替市場に厳しい圧力がかかるとの恐れを生み出している点で、とくに重要な要因だからである。しかし、この問題が解決したときにあらわれる機会を活かせるように、積極的な行動計画が用意されているのだろうか。

どのような対策であっても、世界各国の財務省と中央銀行に十分な外貨準備を提供して、不安を和らげないかぎり、即効性をもたないだろう。この点を目標に、じつにさまざまな計画を考えることができるが、いずれも同じ種類に属していてよく似ている。この点について私的な議論を重ね、他の人たちの考えを借りた結果、以下の計画が最善だとわたしは確信している。もっとも、同じ種類の提案のなかから広範囲な支持を集めるものがでてくれば、支持されているという理由でその案の方が好ましいといえるだろう。

外貨準備を増やす計画には、満たさなければならない条件がいくつかある。第一に、新たな準備通貨は金に基づいていなければならない。金は国内通貨の地位を急速に失っているが、各国の外貨準備として保有され、外国への資金流出の際に使われる国際通貨としては、もっぱら金が使われる傾向が以前よりもはるかに強まっている。第二に、新たな準備通貨は外貨準備をとくに必要としている国だけを救済するものという性格をもっていてはならず、そういう国だけでなく、参加国のすべてに一般的な公式に基づいて提供されなければならない。いまでは、外貨準備に不安をもたない国、外貨準備の増額を歓迎しない国はほとんどなくなっている。第三に、新たな準備通貨の残高には柔軟性がなければならず、世界の通貨供給量を恒久的に増やすのではなく、現在のように物価が異例に低くなっているときに発行され、物価の上昇が行きすぎれば回収されて、均衡をもたらす要因にならなければならない。これらの条件は以下の方法で満たすことができる。

(i) 国際機関を設立して金証券を発行する。金証券の額面は米ドルの金平価を単位にして表示される。

(ii) 金証券は五十億ドルを上限に発行でき、参加各国はそれぞれの上限額を超えない範囲で、政府が発行する同じ額面の金債券と引き替えに入手できる。

(iii) 各国に割り当てられる上限は、たとえば一九二八年末など、経済が正常だった最近の時期に外貨準備として保有していた金の量などの公式に基づいて設定する。ただし、個々の国の上限は四億五千万ドルを超えないものとし、理事会は公式に厳密に従うべきでないという特別の理由が示された場合、公式の厳格さを緩める権限をもつ(たとえば、銀本位制の国のために特別の規定が必要になろう)。この公式によって、各国の外貨準備高は一九二八年に保有していた金の量に等しい割当額だけ増加する(ただし、前述の最高額が限度になる)。各国の割当額は、「付録」に掲げた。

付録

前述の公式に従って、総額50億ドルの金証券を、各国が1928年末に外貨準備として保有していた金の量に比例し、個々の国の上限が4億5,000万ドルを超えないという条件のもとで割り当てたとき、各国の割当額は以下になる。

表1　各国の割当額（単位：ドル）

上限の6か国＊	450,000,000		
イタリア	266,000,000	ハンガリー	35,000,000
オランダ	175,000,000	チェコスロバキア	34,000,000
ブラジル	149,000,000	ルーマニア	30,000,000
ベルギー	126,000,000	オーストリア	24,000,000
インド	124,000,000	コロンビア	24,000,000
カナダ	114,000,000	ペルー	20,000,000
オーストラリア	108,000,000	ユーゴスラビア	18,000,000
スイス	103,000,000	エジプト	18,000,000
ポーランド	70,000,000	ブルガリア	10,000,000
ウルグアイ	68,000,000	ポルトガル	9,000,000
ジャワ	68,000,000	フィンランド	8,000,000
スウェーデン	63,000,000	ギリシャ	7,000,000
デンマーク	46,000,000	チリ	7,000,000
ノルウェー	39,000,000	ラトビア	5,000,000
南アフリカ	39,000,000	リトアニア	3,000,000
ニュージーランド	35,000,000	エストニア	2,000,000

＊イギリス、アメリカ、フランス、ドイツ、アルゼンチン、日本

1928年末の金保有量を基準にしたことで不公正になる国は、第1にチリであり、特別の配慮が必要になるだろう。また、それほど極端ではないものの、ギリシャとカナダにも配慮が必要になろう。1925年から28年までの各年末の保有量のうちもっとも多かった数値を使った場合、以下の各国だけが変更になる。

表2　割当額の調整（単位：ドル）

	1928年	1925〜28年の最高
デンマーク	46,000,000	56,000,000
ギリシャ	7,000,000	10,000,000
オランダ	175,000,000	178,000,000
カナダ	114,000,000	158,000,000
チリ	7,000,000	34,000,000
ニュージーランド	35,000,000	38,000,000
ジャワ	68,000,000	79,000,000
南アフリカ	39,000,000	44,000,000

(iv) 参加各国は金証券を金と同等のものとして扱うことを規定した法律を制定する。ただし、金証券は流通通貨として使われることはなく、財務省、中央銀行などが国内通貨発行にあたっての準備として保有する。

(v) 国際機関の理事会は参加国の政府によって選出され、各国政府は投票権を自国の中央銀行に委任でき、各国の投票権は割当額に比例する。

(vi) 金債券の表面利率は当初、ごく低い名目的な水準だが、以下の(viii)を条件に理事会が時に応じて変更できる。金債券は発行した政府によっていつでも償還でき、また、以下の(viii)を条件に、理事会が発行する通知によって償還されうる。

(vii) 利息は経費を負担した後に、保証基金として金によって保有される。さらに、参加各国の政府は割当額上限に比例して、債務不履行によって発生する最終的な損失を保証する。

(viii) 理事会は、裁量権を使って金証券の発行残高や金債券の利率を調節するにあたって、貿易市場に供給される一次産品の金価格が、可能なかぎり、一九三三年の現在の水準と一九二八年の水準の間で合意された水準（おそらくは一九三〇年の水準）を上回らないようにすることを唯一の目標にするよう指示される。

Ⅵ　国際通貨の発行と金本位制

前項では、国際通貨の発行を提案した。この提案は、各国中央銀行の不安を和らげ、借り入れによる支出を促進し、それによって物価の上昇と雇用の回復を目指せるようにするものとして設計されている。この政策が必要なのは、繰り返し強調してきたように、借り入れによる支出を増やす以外に、世界の物価を引き上げる方法がないからである。しかし、ここまで大規模な提案を行う以上、細部をもっと詳しく説明すべきだろう。

この提案が採用された場合、十分な合意が達成できれば、この提案で提供される支援を使って、まず最初に、厳しい状況の圧力を受けて一般的に使われるようになった不健全な国際慣行を対象に、破棄の約束を取り付ける絶好の機会になる。為替規制は撤廃すべきだ。債務返済据え置き協定と貿易債務の兌換停止は、段階的な債務返済の明確な計画に置き換えるべきだ。関税と輸入割当のうち、恒久的な国家政策を追求するためではなく、貿易収支改善のために課したものは撤廃すべきだ。強力な金融センターは、金融市場で国際貸し出しを再開すべきだ。公的な対外債務の不履行は終わらせ、減債基金への繰り入れの一時停止で資金を賄うか、新たな状況でも債務を返済できないことを独立した専門家の委員会が認めた場合には、おそらくは物価指数に基づいて元利の減額を取り決め、返済を再開すべきである。これは私見だが、国際的な合意と義務に違反して行動する国には、この計画への参加を認めないようにするべきだ。

こうした外的な条件が満たされていれば、参加各国にはそれぞれの割当額の使い方について、まったく制約のない裁量権を認めるのが適切だろう。国によって、必要な点に大きな違いがあるからである。対外債務のうち緊急を要する部分を返済する国もあるだろう。財政収支を均衡させる国もあるだろう。商業信用の再開に使う国もあるだろう。債務借り換えを準備するのに使う国もあるだろう。国内開発計画を確立する国もあるだろう。その他にもさまざまな使途がある。どのように使っても、望ましい方向への動きになるだろう。

しかし、ここまででは触れていないが、もう一つ、決定的な条件がある。発行される証券は金証券であり、参加国はこの証券を金と同等のものとして受け入れることに同意する。この点は、参加各国の通貨が金と一定の関係をもつことを意味する。いうならば、条件付きで金本位制に復帰することを意味するのである。

金は「未開の時代の遺物」にすぎないと論じたわたしが、いまになってこうした政策を主張するのは奇妙だと思われるかもしれない。いま、イギリス政府は金本位制への復帰にあたって満たされていなければならない条件を示しているが、その条件を満たすのが不可能なことは承知のうえのはずなのだから。おそらく、わたしは金にまったく愛着をもっていなかったので、幻滅を感じることもないのだろう。しかし、金をめぐる環境はきわめて厳しくなったので、今後の金の管理について、以前なら受け入れられなかった条件を規定できるようになったとみていることが、この政策を主張する主な理由である。いずれにせよ、わたしの主張は以下の点を条件としている。

国際通貨発行案を採用するにあたっては、金と自国通貨の間で事実上の平価を設定し、金の買い値と売り値の差を五パーセント以内に抑えることが必要条件になる。新たな国際通貨の発行によって、金とその同等物の供給が増加するので、イギリスがこのように約束するのは安全だし賢明だとわたしは判断している。この事実上の平価は、状況の変化で必要になれば、そのときどきに変更できるようにするべきである。公定歩合と同じように変更できるようにするのだが、変更幅は小さくなるよう希望したい。平価を変更できないように固定するのは、国際物価が今後どのように動くのか、新しい国際機関の理事会が国際物価の動きに影響を与えることにどこまで成功するかがもっと明確になるまで、賢明な策ではないだろう。また、国内条件と国際条件の間の調整を徐々に行う権限を何らかの形で恒久的に維持するのが望ましいだろう。さらに、理事会は緊急事態や例外的な事態に対応する裁量権をもつべきである。最近の事例をみれば、国際金融センター間で流動的な資金の移動が激しくなるのを防ぐために、また、各国の中央銀行が国内状況の違いに対応して公定歩合と信用政策を決める独立性をある程度維持できるようにするために、金の買い値と売り値の間に五パーセントの差を設けることは不可欠だろう。もっとも中央銀行が通常の慣行として、自国通貨の金平価の変動幅をもっと狭いレンジに維持するのを妨げる理由はない。

このような安全装置を予防策として設けておけば、事実上の金平価の設定による為替相場の安定で、得られるものは多く、失うものは少ないだろう。為替相場の変動の目的になりうるのは、国際的な価格水準の望ましくない変化を相殺するため、あるいはときおり、摩擦を最小限に抑えながら、それぞれの国の一時的か恒久的な特殊条件に合わせた調整を行うため以外にありえない。これら以外の理由で為替相場が変動するのを許容するべきではない。

以上で示した計画には、かなりの副次的な利点があると主張できる。イギリス政府が、限定付きであっても、金本位制に復帰する前に満たさなければならない条件として提示した点を満たせる利点である。つまり、世界の金準備の分配がもっと平等になっていなければならないという条件である。この条件を適切な期間内に満たせる方法は、他に想像できないほどである。フランス銀行とアメリカ連邦準備制度が金準備を世界の貧困国に分散しなければならないというのであれば、現在では、過去のどの時期と比較しても一層、実現するとは考えにくい。また、フランスとアメリカが貿易黒字を大きく上回る額を外国に貸し出し、金が大量に流出するようにすべきだというのであれば、ものごとをわきまえた人間なら誰でも、そんなことは起こりえないと考えるはずだ。さらに、現在の状況では、貿易黒字を準備通貨として使う方法がまったく使われなくなり、最近の動きから、世界の主要な金融センター間で移動しようとする資金がじつに巨額にのぼることが明らかになっているので、問題は金が一部の国に集中していることだけではなくなっている。世界の物価をある水準で支えるために必要な準備通貨の絶対量が、最近の国際的な信用ショックの前よりはるかに多くなっているのである。準備通貨の供給量を恒久的に増やす必要があるわけではないのかもしれない。だが、現時点では必要があり、この必要を満たさなければ、中央銀行が懸念を払拭して安心感をもつとは予想できない。そうならなければ、中央銀行は借り入れによる支出を増やすよう促す政策を自由にとることができない。そして、借り入れによる支出が増えなければ、世界の物価は上昇しえない。したがって、ここで提案したような計画が、世界経済の回復のために不可欠の条件になっているのである。世界の物価を引き上げる必要があると強調してみせても、その結果を生み出すのに必要な手段を無視していては、何の役にも立たない。

別の方法として、すべての国の通貨を同時に、金に対して切り下げるよう提案されることがある。確かにある程度の利点のある提案だが、大きな欠陥がある。現時点で巨額の金準備を蓄積している国、したがって他国より強い国の地位がさらに強化されるだけになるという欠陥である。

Ⅶ 結論

わたしはこの短い文章で、幅広い対象を扱おうとしてきた。しかし、わたしの主張は基本的には単純なので、読者に伝えることができたと思う。

いま、多数の提案がだされており、この小論で示した提案と基本的によく似た点を意図している。全体のうち、一つの部分を扱った提案があり、別の部分を扱った提案もある。問題を解決できる適切な行動をとるためには、いくつもの部分を扱う必要がある。イギリスでは好況のときですら失業者数が増えており、この状況をもたらしている各種要因をすべて十分に考慮すると、少なくとも百万人の失業者に職を与える必要がある。一人一年間の雇用を増やすのに百五十ポンドの第一次支出が必要だとする前述の作業仮説を使うなら、借り入れによる支出の増額と貿易収支の改善を合計して、一億五千万ポンドが必要になる。世界経済の回復がはじまった後でなければ、この合計金額に貿易収支の改善が大きく寄与するとは期待できない。したがって、借り入れによる第一次支出を国内で、少なくとも年に一億ポンド増やすことが緊急の課題になっていると想定するのが賢明だろう。

これは巨額ではあるが、達成できない金額ではない。少なくとも五千万ポンドは、減債基金への繰り入れ停止と適切な用途での借り入れによる減税を行えるとみても不適切ではないだろう。ただし、その結果、第一次支出が五千万ポンド増加するわけではない。そこで、民間企業（独自に、あるいは公的な補助を受けて）、地方公共団体、公共機関、国が借り入れによる支出をたとえば六千万ポンド増やせば、雇用の回復に向けた大きな一歩になるだろう。

この線に沿った実りある行動の潜在的な効果が、悲観的に考えられすぎていると思う。これは過去の行動の効果が、相殺要因によってみえにくくなっていたからである。とくに重要な点として、借り入れによる支出と貿易収支の改善が同じ効果をもつことを理解すべきである。このため、貿易収支が一九二九年と比較して、三〇年には七千五百万ポンド悪化し、三一年に二億七百万ポンド悪化したことで、[1]労働党政府が借り入れによる支出を増やす政策を試みた成果が消えている。労働党政権が実施した支出増は、貿易収支の悪化幅よりはるかに小さかったからだ。逆に、一九三二年には貿易収支が前年より七千四百万ポンド改善したが、雇用は増えていない。挙国一致内閣が借り入れによる支出を減らすために思い切った政策をとったことから、貿易収支改善の効果が相殺されたのである。貿易収支を守る手段は何もとらない労働党政権の政策と、借り入れによる支出を減らす挙国一致内閣の政策を組み合わせたとき、どのような苦境に陥るかは、神のみぞ知るである。企業の赤字がアメリカと変わらないほど増え、[2]鉄道会社が倒産し、イギリスの産業は事実上の停止状態になっただろう。半面、イギリスはまだ、もう一つの組み合わせを試していない。貿易収支を守る政策と借り入れによる支出を刺激するための全力をあげる政策の組み合わせである。

(注1) 商務省の推計によるが、一九三二年の金によるアメリカへの債務返済は除外した。どの年にも実際の貿易収支は商務省の推計より二千五百万ポンド前後良かったとわたしはみている。しかし、この見方が正しくても、ここに示した比較の数値は変わらない。

(注2) アメリカが極端な苦境に陥っているのはかなりの部分、一九三二年までのイギリスと同様に、失業手当が借り入れに依存していないことと、一九三一年九月以降にイギリスが採用した貿易収支の改善策をとっていないことの組み合わせのためだとわたしはみている。

そこでわたしは、イギリス国内政策として、まだ試していないこの組み合わせを採用するよう求め、世界経済会議では、イギリス代表が以上に提案した一般的な原則に基づいて、国際準備通貨の拡大を主張するよう求める。

いまや、危機的な段階に達しているからだ。霧が晴れてきたという見方は、ある意味で正しい。少なくとも、現在の道を歩きつづけたときに、どのような深淵が待ち受けているのかは、はっきりと確認できるようになったのだ。いまでは、疑う人がほとんどいない点がある。世界の物価を上昇させる手段を見つけださなければならず、そのための猶予はそれほどない。そして、早く手を打たなければ、現在、資金の貸し借りに使われている契約と金融商品の仕組みが崩壊していき、それに伴って金融と政府の正統派の指導者が信頼を完全に失い、その最終的な結果がどうなるかはまったく予想できないのである。

当局者は世界の物価を引き上げるべきだと発言してきた。したがって、この目的に向けた積極的な政策を打ち出す責任がある。そうした政策は策定済みなのだとしても、どのような政策なのかは、まったく発表されていない。わたしは以上で、世界の物価を引き上げる政策が成功を収めるために満たさなければならない基礎的条件をいくつか示し、これらの条件を実現しうるともみられる種類の計画を提案するよう努めた。

＊一九三三年に出版された『繁栄への道』（アメリカ版）の全文

訳者あとがき

ケインズの『説得論集』を訳したいと考えたのは一九九八年初めごろだった。山一證券や北海道拓殖銀行などが破綻し、金融危機からデフレへの流れがみえてきたころ、当然ながらデフレについて論じた本を探した。いまでは信じがたいことだろうが、当時、デフレをテーマとした本はほとんどなかった。信頼性に疑問符がつく本が数点あっただけで、デフレの時代だった十九世紀後半にさかのぼっても、なかなか見つからない。スティグリッツやサミュエルソンなどの教科書を見ても、デフレという項目は索引にすらほとんど見あたらない。インフレに関しては無数の本が書かれているのに、デフレについて論じた経済学者はいないかのようであった。

そのなかでようやく見つかったのが、ケインズの著作、とくにこの『説得論集』とアービング・フィッシャーの著作であった。翻訳するなら『説得論集』しかないと思えたが、この時期にはケインズの著書は著作権の保護期間が切れていなかった。そして、救仁郷繁訳『説得評論集』(一九六九年、ぺりかん社)と宮崎義一訳『ケインズ全集第9巻　説得論集』（一九八一年、東洋経済新報社）が刊行されていたので、翻訳権を取得できる可能性はなかった。どちらも翻訳のスタイルという点で問題があり、新訳をだす意味は十分にあると思えたが、翻訳権を取得できない以上、断念するしかなかった。

それから十年以上経って、翻訳が実現したのは二つの事情があったからだ。第一に、ケインズの死後、六十一年半が経過して、日本では著作権の保護期間が切れ、翻訳権を取得する必要がなくなった。第二に、一九九七年末以降に日本で起こったのと同じ状況が、ほぼ十年遅れて欧米で起こり、デフレがふたたび問題になった。デフレが現実の問題になったとき、主流派の経済理論はほとんど役に立たないことが分かった。世界の政策担当者が頼ったのは、ケインズの理論と十年前の日本銀行の政策であった。こうして、金融政策面では日銀のゼロ金利政策が再評価され、経済理論ではケインズに戻るべきだと主張されるようになった。『説得論集』にふたたび注目すべき時期になったのだ。

ケインズの『説得論集』（*Essays in Persuasion*）は一九三一年に刊行されている。出版社はマクミランである。ケインズが一九一九年十一月から一九三一年九月までの時期に書いた論評を集めた論文集である。このうち、「呪うべき黄金欲」は一九三〇年の『通貨論』の一部だが、それ以外は時評として書かれ、主に新聞や雑誌に掲載されている。

論文集という性格上、一九三一年の時点で読者の関心が高かったテーマのものが収録されている。二十一世紀の読者にとって、そのすべてが興味深いとはかぎらない。そこでこの訳書では、インフレとデフレという観点、そして一九三六年の『雇用、金利、通貨の一般理論』につながる論文という観点で、収録する論文を取捨選択し、追加している。具体的には以下のようにした。

- 原著第一編「講和条約」は第一次世界大戦の講和条約と賠償問題を扱っており、この訳書には収録していない。
- 原著第二編「インフレーションとデフレーション」はほぼすべて収録したが、「フランス・フラン」は除外した。
- 原著第三編「金本位制への復帰」はほぼすべて収録したが、「銀行頭取の演説」は除外した。

● 原著第四編「政治」のうち、「自由放任の終わり」はとくに興味深いと思われるので、原著にはⅣとⅤだけが収録されているが、訳書では一九二六年に発行されたパンフレットの全体を訳出した。「ロシア管見」「わたしは自由党員か」「自由主義と労働党」は収録していない。

● 原著第五編「未来」のうち、「孫の世代の経済的可能性」を収録し、「クリソルド」は収録していない。

● 一九三三年に出版された『繁栄への道』（アメリカ版）の全文を収録した。

本訳書の底本は以下の通りである。

J. M. Keynes, *Essays in Persuasion*, Macmillan & Co., 1931

John Maynard Keynes, *The End of Laissez-Faire*, Hogarth Press, 1926

John Maynard Keynes, *The Means to Prosperity*, Harcourt, Brace & Co., 1933

古典の翻訳にあたっては、既訳を参照し継承するのが翻訳者の使命である。前述の二つの既訳を参照し、学ぶ点が多かったことを記しておきたい。

山岡洋一

二〇一〇年三月

本書は二〇一〇年四月に日本経済新聞出版社
から刊行された同名書を文庫化したものです。

日経ビジネス人文庫

ケインズ説得論集《せっとくろんしゅう》

2021年12月1日 第1刷発行

著者
ジョン・メイナード・ケインズ
訳者
山岡洋一
やまおか・よういち

発行者
白石 賢
発行
日経BP
日本経済新聞出版本部
発売
日経BPマーケティング
〒105-8308 東京都港区虎ノ門4-3-12
ブックデザイン
鈴木成一デザイン室
本文DTP
マーリンクレイン
印刷・製本
中央精版印刷

Printed in Japan ISBN978-4-532-24014-1

本書籍に関するお問い合わせ、ご連絡は下記にて承ります。
https://nkbp.jp/booksQA

nbb 好評既刊

やりたいことを全部やる！メモ術

臼井由妃

時間、人間関係、お金、モノ……「書き出す→捨てる→集中する」の3段階方式で目標・夢を実現しよう！　仕事術の達人が伝授。書き下ろし。

渋沢栄一 愛と勇気と資本主義

渋澤 健

渋沢家5代目がビジネス経験と家訓から考える、理想の資本主義とは。『渋沢栄一とヘッジファンドにリスクマネジメントを学ぶ』を改訂文庫化。

渋沢栄一 100の金言

渋澤 健

「誰にも得意技や能力がある」「目前の成敗は人生の泡にすぎない」――日本資本主義の父が遺した、豊かな人生を送るためのメッセージ。

人生100年時代のらくちん投資

渋澤 健・中野晴啓・藤野英人

少額でコツコツ、ゆったり、争わない、ハラハラしない。でも、しっかり資産形成できる草食投資とは？　独立系投信の三傑が指南！

経済の本質

ジェイン・ジェイコブズ
香西 泰・植木直子＝訳

経済と自然には共通の法則がある――。自然科学の知見で経済現象を読み解く著者独自の視点から、新たな経済を見る目が培われる一冊。

nbb 好評既刊

これからの経営学

日本経済新聞社＝編

日本の経営学界の重鎮、気鋭の研究者17人が、グローバル化・変革の時代に必要な、一番知っておきたい経営学をやさしく講義。

グレイトフル・デッドにマーケティングを学ぶ

ブライアン・ハリガン
デイビッド・ミーアマン・スコット
渡辺由佳里＝訳

ライブは録音OK。音楽は無料で聴き放題。あの伝説のバンドはインターネットが登場するはるか前から、フリーもシェアも実践していた。

「豊かさ」の誕生 上・下

ウィリアム・バーンスタイン
徳川家広＝訳

西洋諸国の勃興から戦前・戦後の日本の成長、イスラム諸国の現在まで、格差を生み出す「豊かさ」の歴史を様々な視点から分析した大作。

リスク 上・下

ピーター・バーンスタイン
青山 護＝訳

リスクの謎に挑み、未来を変えようとした天才・異才たちの驚くべきドラマを壮大なスケールで再現した話題の全米ベストセラー。

米陸軍戦略大学校テキスト 孫子とクラウゼヴィッツ

マイケル・I・ハンデル
杉之尾宜生・西田陽一＝訳

軍事戦略の不朽の名著『孫子』と『戦争論』を大胆に比較！　矛盾点、類似点、補完関係を明らかにし、学ぶべき戦略の本質に迫る。